HUMAN
RESOURCES

人力资源
其实很简单

重塑认知的薪酬哲学与人才机制

肖南 马玥 著

浙江大学出版社
·杭州·

图书在版编目（CIP）数据

人力资源其实很简单：重塑认知的薪酬哲学与人才机制 / 肖南，马玥著. -- 杭州：浙江大学出版社，2024.10. -- ISBN 978-7-308-25213-3

Ⅰ．F243

中国国家版本馆CIP数据核字第20246C1266号

人力资源其实很简单：重塑认知的薪酬哲学与人才机制
肖　南　马　玥　著

策划编辑	杭州蓝狮子文化创意股份有限公司
责任编辑	黄兆宁
责任校对	陈　欣
封面设计	王梦珂
出版发行	浙江大学出版社
	（杭州市天目山路148号　邮政编码 310007）
	（网址：http://www.zjupress.com）
排　　版	杭州林智广告有限公司
印　　刷	杭州钱江彩色印务有限公司
开　　本	880mm×1230mm　1/32
印　　张	10.25
字　　数	211千
版 印 次	2024年10月第1版　2024年10月第1次印刷
书　　号	ISBN 978-7-308-25213-3
定　　价	72.00元

版权所有　侵权必究　　印装差错　负责调换
浙江大学出版社市场运营中心联系方式：0571-88925591；http://zjdxcbs.tmall.com

推荐序一
回归人力资源本源

这本书的作者肖南有着30多年金融行业人力资源从业经验,并曾在大学、酒店和快消品行业任职。在不同性质的企业与不同领域工作的经历,特别是长时间在金融行业的经验积累与历练,使得作者看待人力资源的角度特别多元。

这本书分八章,**既涉及人力资源最为底层的思考**:人力资源的哲学是什么?人力资源部是什么?如何把人力资源当作人力资本?也有**具体体系构建的阐述**:如何找到最优秀的人?如何设计具有吸引力的薪酬体系?还提供了**考核、培训以及构建企业文化的思路与方法**:如何进行行为考核与全方位行为考核?如何让员工越来越优秀?什么是企业文化与企业化文化?

我在拜读这本书后(确切地说是拜读了电子书,至少三遍),从中看到了"道""法""术""器""势"的相互印证。"道""法""术"源自老子的《道德经》,所谓"道以明向,法以立本,术以立策,势以立人,器以成事"。其中:"道以明向"之"道"是指规则、自然法则,即万物变迁循环中亘古不变的规律,在企业层面应是企业的使命、愿景、价值观,在这本书中则被称为"理念";"法以立本"之"法"是指方法、法理,是企业制度、规范、管理理念,是企业经营管理的一套准则,如薪酬策略;"术以定策"之"术"是指形式、方式,是管理者的管理思路、模式、技能与能力,如薪酬方案;"器以成事"之"器"是指所使用的具体的工具与手段,如各类表单、能力词典;"势以立人"之"势"是指当下所处的时空趋势与演进方向,这本书涉及的人力资源管理之"势"就是回归本源——服务员工,激励人!

这本书所涉及的内容,几乎涵盖了人力资源的所有职能。其可贵之处在于:作者以理念为切入、以问题为引发、以案例为举证,不仅总结、回顾了自己30多年人力资源跨界从业的心得体会,还从异化回归、资本属性、多元视角探讨了人力资源的演进与未来。

人力资源管理简单但不容易

人力资源管理简单吗?我想每个从事人力资源工作的专业人员都会有不同的答案,每个人力资源管理者对此更是见仁见智。我从事人力资源工作多年,听闻更多的是"人好做,事好做,人事不好做"这类感叹,甚至是纠结与抱怨。之所以有这样的困扰,是因为作为人力资源从业者,特别是人力资源部门的第一负责人,需要经常平衡与解决组织与员工之间不同的利益诉求,需要处理不同群体,特别是组织中的高层管理者对人力资源的定位以及对人员招聘、评价、激励、培养、任用等具体工作不同的认知与标准。大多数的冲突往往来自更深层次的理念差异，譬如对人性的假设、对环境的判断、对企业经营管理的观点以及对人力资源的价值判断。而这类深层次理念，很少在日常工作中被涉及、被讨论，因而就难以达成共同的语境、协同的行为与共同期望的目标。

绝大多数人力资源从业者，都不会觉得人力资源工作简单。现实往往就是：若有人被提拔，那就是因为其个人的能力、良好的业绩，或者是受到领导的赏识与提携，与人力资源部门工作毫无关系；员工若被辞退、被降职、被降薪，则往往会觉得是人力资源部门在作祟，至少他们没有为其去力争、去维护；如果业务部门不能及时找到合适的人，没有足够的人才可供事业扩张发展，那"背锅"的肯定是人力资源部门；组织文化氛围不好、员工敬业度低落，人力资源部门也必定首当其冲……凡此种种，人力资源的从业者多会感叹："人不好做，事不好做，人事就更不好做。"

而这本书的作者肖南，在不同类型的企业从事人力资源30多年后却著书立说带领大家"重新理解人力资源"！所谓"大道至简"，说的就是基本原理、方法和规律都是极其简单的，简单到一两句话就能够说明白。"真传一句话，假传万卷书。"面对快速巨变的时代、眼花缭乱的技术、纷繁复杂的人性，要想重新理解人力资源，就得看透实质、抓住关键，回归人力资源本源，从理念到实践。而具备这样的功力，是不简单的。回归本源、化繁为简的功力，来自作者多年跨领域的实践、思考与总结、提炼。总之，人力资源管理简单但不容易，需要多努力。

从理念到实践

作者在书中开宗明义地交代：在思考撰写此书时，作者提出了一个指导思想，那就是多谈人力资源管理方面的理念，避免过多地讨论人力资源技术层面的东西。原因很简单，我们做什么事情都离不开一个好的方法论，但好的方法论的形成又离不开正确的理念。作者从理念、方法论以及技术三个层面就人力资源管理展开论述，还特别指出：理念在思维层面，方法论在操作层面，实践是结果。理念务虚指导方法论，方法论务实呈现理念，技术层面会言简意赅。

虽然作者说这本书重在理念探讨，侧重于对人力资源的思考，不过多讨论技术层面的操作，但书中还是提供了许多可以借鉴落地的工具和方法。对于作者在工作中的感悟和实操案例，我相信对读者也会有许多启发。

首先，我想就薪酬这一部分内容，谈谈我的阅读体会。

毋庸讳言，薪酬是我在人力资源专业领域中最为无感，也最为薄弱的一个模块，而薪酬对于任何利益相关方又都是非常重要而敏感的。它不仅关乎个人收入的高低，也体现其价值贡献的大小；同时，它还代表着公司的用人导向，最为直观地体现着企业文化与人力资源的根基——激励的效度。所以，每当需要做"薪酬回顾"或者给高管"定薪"，我常常从"薪酬"到"心愁"……致力于制定公平、有竞争力的薪酬政策，我想这是许多企业家、创始人与人力资源同人孜孜不倦的追求，但结果多是"心愁"。阅读此书时，不由得让我联想起自己过往在处理薪酬时的那些纠结与冲突。

肖南有幸，在其入行不久、年纪轻轻时，他的主管就能够向他提出"薪酬方案的哲学"的命题，促成他对人力资源最为核心问题的思考，也养成了他对任何事情都会从理念、方法论再到技术操作层面的思考与工作路径。在理念层面达成共识是一切方法的原动力。金融行业是个典型的"事在人为"的行业，高知、高智、高手云集（我相信他们个个都是很会算钱的），唯有统一的薪酬理念，方可吸引、协同、激励如云高手。

作者研究、汇总的华尔街投行的薪酬理念对我启发甚大，我想借此再次引用。

我们的薪酬结构以总薪酬的形式来体现，总薪酬跟公司盈利和股东利益紧密挂钩。公司的盈利状况要通过税前利润和股东权益回报的结果来体现。奖金（如有）从本质上讲带有任意性，它是总薪酬的一部分。总薪酬越高，浮动奖金的比例越大，其中大部分奖金必须以股票的形式递延发放。

以总薪酬形式体现薪酬结构，以公司整体结果回报确定奖金，摆明了强调的是薪酬总盘与员工收入来自企业的盈利能力。令我印象深刻的是，作者还用了两种不同的薪酬公式，对传统薪酬与新的理念指导下的薪酬做了奖金获得的对比。

传统奖金公式：底薪 × 绩效系数 = 奖金

新的奖金公式：总薪酬 − 底薪 = 奖金

对于这两者的利弊，作者在书中做了详尽的说明，有兴趣的读者可以深入探究。

美国行为学家斯塔西·亚当斯（J. Stacy Adams）认为：员工的工作态度和工作积极性不仅受其所得的绝对报酬（自己的实际收入）的影响，而且还受其所得的相对报酬的影响。公平是社会与许多优秀企业的共同追求，公平且有竞争力的薪酬也是许多专业的人力资源管理者孜孜不倦的追求。但公平更多源自感受，不同的人对公平的敏感度、认知度都不尽相同。除了对自身价值的评估，对投入、回报的感觉，很多时候，公平的感受来自将自己的薪酬与别人的薪酬进行对比的结果。然而，"感受即事实"，所谓"没有比较，就没有伤害"。公平的薪酬往往难以用绝对的金额代表，也很难通过沟通解决，触及利益往往比触及灵魂更加困难。在利益面前，任何的"动之以情，晓之以理"都是苍白无力的。回想起来，许多冲突源自对薪酬理念缺乏深入的研讨、一致的认知以及缺乏对"感受"的管理。

众所周知，企业所处行业不同，发展阶段各异，受高端人才对企业的重要度、稀缺性以及影响力程度的差别，以及企业的性质、所处的环境，乃至企业文化等不同因素的影响，自然也会产生不同的理念。但现状是，无论你所处的是哪类行业，组织发展、组织绩效的获得都越来越依赖优秀人才的贡献。人才竞争的激烈程度将远远超出资本、技术、土地、设备等经济要素。人才竞争的根本源自激励。

作为从事人力资源工作的专业人员，大多知晓成熟的激励理论源自行为科学。这一学科主要研究人的需要、动机、目标和行为之间的关系。激励之所以重要与有效，是因为它从人的需求出发，探讨从工作动机形成、目标选择到触发行为的心理规律与过程。

做好激励的前提是：要有明确、清晰而又能够达成共识的理念。理念与观念关联，上升到理性高度的观念叫"理念"。作者在书中对"理念"没有给出学术性的定义，但却给了一个类似"墨菲定律"式的描述：理念也许是一个90%的人都能理解，但又不愿意按其理解来实践的东西。

理念要达成共识着实不易，从理念到实践就更加困难。但我认为：困难的事情如果能够被克服、被解决，其价值也就不言而喻了。就薪酬理念而言，本质上它应该是企业核心价值观的重要体现，能够直观地指明企业到底为什么样的行为和怎样的业绩付酬。其目的是激励员工，达成组织目标：从公司角度，吸引、保留、激励人才；从员工角度，匹配劳动付出，起到激励作用，体现价值贡献。

总而言之，薪酬理念类似于企业之"道"，主要用于明确方向，体现企业的文化价值观。薪酬策略等同于"法"，包括薪酬制度、薪酬激励原则、薪酬结构以及薪酬水平等，是薪酬管理的指导原则。有效的薪酬策略能将企业战略目标、文化、外部环境进行有机的结合，能够作用于同类企业以及目标人才，在薪酬支付的标准和差异方面形成竞争力，同时保持内部公平性和支付能力。薪酬策略既要契合组织的战略需求，又要满足员工期望。"道""法"对了，"术""器"就不太会成为障碍，从事人力资源工作的人员别的本事可能不大，但对一些专业工具的开发应用大多还是得心应手的，哪怕自身没有开发能力，第三方咨询机构在这方面提供的服务也是非常成熟的。困难的是前者，并且难以引得"外援"，只能靠内功。令人欣慰的是，越来越多管理优秀的企业，在薪酬具体方案出台前，都会进行战略分析，以找到促使企业成功的关键因素，从而设计薪酬理念去激励与驱动关键成功因素，并通过薪酬策略、薪酬体系、薪酬市场分位来调节关键成功因素。

肖南不仅指出了理念的重要性，在书中也非常醒目地指出如何让理念被员工接受，即理念渗透。我在实际的工作中，发现薪酬沟通存在的悖论：薪酬理念、策略、原则、概念与方针等本应该是在最大范围内被认知与传播的，却往往被轻轻带过，甚至不被提及；企业对"薪酬保密"的要求，往往又会落空，奖金报酬多会成为"公开的秘密"，被员工私下议论、攀比与抱怨。正如书中所言："假如你把奖金数额告诉了某人，就马上会产生一个不高兴的员工。"如何有效进行薪酬沟通，帮助员工正确理解薪酬激励的基本原则，让员工多视角地看待"公平"，促使薪酬价值最大化，也成为人力资源管理的很大挑战。从理念到实践，感谢肖南卓有成效的分享。

谈了许多有关薪酬的令人"心愁"的那些事，是因为这本书引出本人的许多感悟与思考。同时，也是因为就激励而言，薪酬如果不是第一重要的，也会是第二重要的。在职场中，被广为接受的一个观点是：一个人的价值往往是被价格所衡量的。但是，我也同样看到，在商战中，最有成就的、最能够产出业绩的人，往往是那些为理想、为自我实现而战的人。最后，很想引用鲁迅先生曾说过的一句话，作为对激励的平衡与补充："梦是好的，否则，钱是要紧的。"

从问对问题到做对事情

事物迅猛变化的今天，没有人能够对未来给出明确的答案，未来的景象甚至是瞬息万变、移步换景的，让人看不清眼前。好在我们有史上先哲如苏格拉底、孔子等智者做榜样，他们多以优质的问题开启智慧、传承仁爱。管理学的开山鼻祖彼得·德鲁克也是以直击管理本质之问赢得"大师中的大师"之美誉。问对问题比找到答案更为重要。也正因为如此，商业教练（仅以提出问题为职业的一群人）已然成为越来越多人选择的一种职业，也有越来越多的企业引入教练技术、建立教练文化。我在企业推动教练文化已经十年，之所以笃行不倦十年路，是因为眼下，乃至很久远的未来，再也没有万能的经理人可以给出管理中所遇到的问题的所有正确答案；能够心悦诚服地听令行事的员工也将会越来越少。教练的核心技能在于：问对问题。教练经由有力的问题，激发对方的潜能与担责意愿，以达到主动改变、积极交付结果的效果。

陈春花老师说："想得到就能够做得到。"日本高管教练粟津恭一郎也曾说过："提问的差距"造成"人生的差距"。我非常赞同他的观点：正因为是自己思考过的事，才能对发现有深刻的理解；正因为是自己想到的事，基于发现的行动才能成为自己由衷想做的事。但提问终究只是契机，完成发现的是自己。人常常被问题所支配，不同的问题会把人的注意力引向不同的方向。正如"选择性注意力实验"①中证实的那样，如果请观看者数一数篮球场上"穿白衣的人总共传了多少次球"，那么有多次实验证明，约有50%的人完全注意不到场上有个人扮着"黑猩猩"。

人的意识可以被提问所控制，企业的经营、人力资源管理也可以由优质的问题引发理性的思考，获得存在的价值。问对问题就如黑暗中的那束光，照亮做事的初心和路径。有些时候，无论我们怎样努力，可能都无法达到预期的目标，但我们应该能够了然的是因果关联，而不仅仅是活在对最终结果的苦苦执着中。所谓"菩萨畏因，凡人畏果"。

作者从企业宗旨的角度对人力资源进行定位与思考。德鲁克先生曾指出："企业的宗旨必须是存在于企业自身之外的。因为企业是社会的一种器官，所以企业的宗旨必须存在于社会之中。"人力资源作为组织的一种器官，也必然存在于组织之中。同时，作者还列举了多年前曾参加过的一次教练课程，就人力资源管理提出了四个基本问题：

1. 人力资源部的业务是什么？

---

① 该实验内容为让观看者观看男女玩篮球的视频后回答问题："穿白衣服的人总共传了多少次球？"观看者给出的答案是15次，接着实验又提出另一问题："那你看见'黑猩猩'了吗？"为何有这样一个提问呢？原来在这段视频在一分多钟的时候，有个穿黑猩猩玩偶服装的人从右侧走入镜头，摆了个姿势，然后从左侧走出了镜头。实验结果证明有50%的人都没看到"黑猩猩"。

2. 人力资源部的顾客是谁?

3. 人力资源部的产品是什么?

4. 与人力资源部息息相关的伙伴都有谁?

作者就以上问题给出了自己的答案以及答案背后的逻辑。他认为：人力资源部的业务是吸引、培养、保留其所需的人才，人力资源部的客户是企业所有员工，人力资源部的产品是招聘、薪酬福利、培训、员工关系，与人力资源部合作的伙伴是员工、管理层、当地的相关政府机构以及咨询公司和所在社区等利益相关者。作者从对"异化"的理解推导出人力资源管理为何从服务部门演进到权力部门（在多数情况下，这也是种想象而已），并指出人力资源管理也将遵循异化的规律，回归服务本身，即"起源（行政服务）—异化（逐权/利）—回归（服务）"，并呈否定之否定、螺旋式上升状态，从被动、事务性的服务到追求更加卓有成效的服务。

人力资源部是什么？指导它行动的宗旨和目标又是什么？

我认为这是这本书提出的最有力量的问题，也很赞同书中的观点："不同的定位和角色决定了人力资源部工作导向和组织模式的变化，也影响着人力资源部对企业的价值输出。可到底哪一种定位和角色才是更正确的？在没有很好地回答这些理念层的问题前，思考再多技术层面的问题也是徒劳。"

作者在书中还旗帜鲜明地指出：企业不仅要服务好"给我们开工资的人"，更要服务好"我们开工资的人"，并认为"我们开工资的人"远比"给我们开工资的人更重要"……有不少企业秉持着"员工第一"的观点，如京瓷、三星、海底捞等。之所以持有这样的观点，其根本假设是：唯有满意的员工，才能发挥主观能动性，创造性地为客户提供超出预期的服务和令人惊喜的体验。

从人力资源到人力资本

经济学上对人力资本的定义为：天然属于个人的，包括人的健康、容貌、体力、干劲儿、技能、知识、才干和其他一切有经济含义的精神能量。简言之，人力资本是体现在人身上的资本，是驱动和促进经济发展最为核心的原因，有着巨大的价值。作者溯本求源，探究最早提出"人力资本"的亚当·斯密提出的理念："全体居民或社会成员所获得的有用才能是固定资本的一个重要组成部分，要获得这种才能，必须支出一笔实在的费用……而这笔费用就是固定和物化在他本人身上的资本。同时，这种才能是他资本的一部分，也是他所在的那个社会的财产的一部分。"当然，在亚当·斯密那个年代，"人力资本"必然是难以被认同的，一方面是因为其理念超前，另一方面也是因为"人力资本"不可量化，这违背了西方经济学中资本可以量化的定义。目前，人力资本的概念被广泛接受，但对于人力资本的作用以及投入、产出，仍然有很多质疑。譬如，对任何培训都要求有"量化、可衡量"的结果，其结果就是浪费了许多资源去证实难以量化的结果。

作者身处金融行业，对资本的概念有着敏锐、到位的理解。在谈及资本时，他提出必须明白资本的两个属性：首先，资本是逐利的；其次，资本是流动的。资本总是向市场回报最高的地方流动，这叫作"聪明钱"；而优秀的人才也会向最能体现自身价值的地方流动，这就是所谓的"聪明人"。这也印证了中国的古语："良禽择木而栖，贤臣择主而事。"从经济、资本的角度看待从人力资源到人力资本的转换，就能够更加深入地理解为何优秀的企业如此重视优秀人才的吸引与保留。从事人力资源工作的专业人员每年到了薪酬回顾时，多会研读各行业的薪酬报告，每每看到的薪酬收入排序往往是金融、房地产、互联网、高科技行业排在前面。作者认为优秀人才的薪酬不会成为阻碍投行招聘的因素，而需要我们理性对待的是：没有白给的高薪。我想：能够支付高薪的企业一定会把人力资源转化为人力资本，唯有人才带来丰厚的回报，企业才有可能乐意支付高额的薪酬。从资本的属性看人才的流动，我们就能够理解中国人力资源所面临的挑战：再高额度的调薪都无法阻止人才流失的脚步。除了高额的报酬，投行有句名言值得所有企业借鉴："如果你想成为最优秀的人，就和最优秀的人共事吧。"我在企业中也经常说：对优秀的人最大的奖励，就是让他和优秀的人在一起。因而，我们对于参与后备培养的员工会精挑细选，培养优秀的人，方能成就卓越。

以学习文化驱动企业文化

作者在书中对人才招聘、人才的悖论、绩效考核的误区以及企业文化等，均有许多独到的见解和实操的做法。但万变不离其宗。我认为，人力资源也好，人力资本也罢，企业管理始终聚焦的都是如何对人进行激励。人，不仅是促进企业发展的资源或资本，也应该能够从中实现自我发展的目的。

企业管理之所以越来越关注人，也并非出于关注人的自发自愿，而是因为人是企业发展的根本要素。纵观管理百年史，曾经有效的科学管理，如算分掐秒、凌驾于人性之上的"效率至上"，让福特遥遥领先又远远落后。其中的跌宕起伏证明，没有哪种管理方法是永远奏效的。当环境发生了改变，当人的观念发生了变化，原有的管理方法就难以适应时代发展的需要。具有持久生命力的管理方法，必将是能够与时代同步的。不同的时代、不同的世代，对人性的理解以及进行人性化管理的重点都不尽相同。更有甚者，随着技术的迅猛发展，许多管理方式也将发生颠覆性的变化。在未来，甚至是现在，没有什么企业可以强大到仅凭过往的成功而活得沾沾自喜。中国的大多数企业，无论规模大小，多处于竞争过度、消费过剩的"挤压式"生存环境，企业转型的案例比比皆是，真可谓："向前一步刀光剑影，后退一步万丈深渊。"

作者在书中指出：培训是企业的责任。我很赞同并认为培训不仅是企业的责任，也是任何企业期望能够活下去的不二选择。以我服务多年的TCL为例，无论是国际化战略，还是智能、互联网的转型，支撑企业突破困境、面向未来的始终都是企业的优秀人才。李东生董事长曾明确指示："无论企业面临多大的困难，我们都决不放弃对人才的投入与培养。"十多年来，TCL大学秉持

"经由人发展组织"的理念，通过高层后备项目，为企业培养战略性人才；通过"鹰系"工程由"点"带"线"，由"线"扩"面"，构建起从"雏鹰""飞鹰""精鹰"到"雄鹰"的领导力发展体系以及新任与高潜人才培养体系，为企业培养了近九成的中高层优秀管理者，支撑了集团规模从几百亿元到过千亿元的持续成长。

在风云变幻的时代，企业学习力将成为企业唯一的竞争力。托马斯·查莫罗-普雷姆兹克（Tomas Chamorro-Premuzic）和乔西·贝尔西（Josh Bersi）在伯信报告中发现：最顶尖的一流公司将学习作为人才管理系统中不可或缺的一部分。有效培养员工学习欲望的公司，成为行业龙头的可能性要比一般企业高出至少30%。两位专家掷地有声地宣称："企业中学习文化的力量，是其商业影响的唯一且最大的驱动力。"构建起企业学习文化的力量，将企业建设为学习型组织——激发员工学习欲望、提升组织学习能力，让学习成为商业的驱动力量、让员工成为理想中的自己——这是企业管理者，特别是人力资源专业人员面临的新使命，也是新机会。

序说到最后

最后，向各位呈上我对《人力资源其实很简单》的读后感。在此，我想就推荐序的产生，报告一下我在差旅途中"码字"的心路历程。

我自小对书就抱有很强烈的喜爱之心。一册好书在手，嗅闻着书中散发出的墨香，便可弃绝世俗浮尘，驰骋心神向往之地；每当在书中与作者产生心有灵犀的共鸣，或得醍醐灌顶之点拨，更是心生喜悦，萌发"浮生愿向书丛老"之遐想。对于读书，我几乎手不释卷；但对写书，却是敬而远之。这样的敬畏多是顾虑知见有限，浪费了他人的时间不说，更是有恐误导。当然，也有可能是"懒人懒动笔"以敬畏做借口。为此，当出版社和肖南委托我作序的时候，着实惶恐。虽然做了这么多年的人力资源工作，读书无数，亦多有实践，但到自己落笔，且要变成"白纸黑字"，总是惴惴不安。担心不能真实地理解、充分地表达作者的观点。因我知道，每字每句均是作者深度的思考和多年实践的提炼与结晶。好在，只是推荐，相信读者自有判断。感谢在这个过程中有肖南的信任、出版社的耐心和伙伴的鼓励。我知道编辑们最恨不能按时交稿之人，再次抱歉鞠躬了。

今天终于交稿，不为别的，只是期望这样一本好书能够在浩如烟海的书丛中，被你发现、读到，并从中受益；希望并相信人力资源管理能够回归本源，激发每个人的潜能与组织活力，从而成为商业最为重要的驱动力。

许 芳

TCL 集团副总裁、TCL 大学执行校长

新华都商学院创业 EMBA 特约企业教授

北京大学汇丰商学院 EMBA 特约教授

推荐序二
人力资源是一门艺术

认真拜读了肖南的新书后,我觉得他能把人力资源这个学科中有艺术的工作讲得有理念、有实践、有方法,确实是30多年从业经验的浓缩,不仅对于人力资源从业者,对于业务管理者也很有学习借鉴的价值。书中讨论的场景和案例主要是世界顶尖投资银行业的人力资源实践,该书能够从全球最佳实践的角度讨论人力资源,对于国内蓬勃成长起来的各类大中小企业以及初创企业都有很好的参考作用。

对企业管理层来说,该书提出的企业文化(corporate culture)和企业化文化(corporatization culture)的区别应该有深刻的启发价值,前者决定企业用什么人(who),后者决定如何找到这样的人和如何使用这样的人(how)。书中提到人力资源管理的基础就是激励,书中讨论的薪酬激励1.0版本、2.0版本和3.0版本的本质区别和内在逻辑,对人力资源从业者一定有不少启迪。当薪酬不跟个人的业绩直接挂钩,而是跟个人能力和企业收入挂钩的时候,我们的思维受到了挑战。更具挑战性的关于激励的例子是,当华尔街和硅谷抢人才时,华尔街金融公司甚至拿出一部分奖金,成立基金投入新兴的互联网公司，以分享硅谷公司发展的成果。让我们一起读一下此书，了解一下薪酬激励的另一个视角。如果你是一个人力资源的负责人，正在给自己的企业设计薪酬方案，那么你可能会通过这本书获得一些理念上的指导，从而避免一个解决问题的方案成为下一个方案的问题。

我问过肖南为什么把书名定为《人力资源其实很简单》，他反复强调，人力资源管理本身就不复杂，无论是理论还是实践都不复杂，但是对开始进入规模化的企业来说，人力资源管理一下就变成了一个似乎非常复杂的问题，这也不难理解。对国家发展来说，有一个"中等收入陷阱"问题；对不少企业来说，也有一个"中等规模陷阱"问题。国家无法走出"中等收入陷阱"跟国家的法律制度、市场程度、创新能力、人口结构、人口受教育程度、金融体系和社会制度等有密切关系，企业进入"中等规模陷阱"跟企业文化、企业化文化、人力资源水平、创新能力、企业品牌和产品认知度有密切关系。对企业而言，找到一个符合企业发展的人力资源体系无疑是最重要的环节之一。

办企业其实就是在"办"人，做事就是在做人。一个企业只要把人的事解决了，组织就有战斗力、激励就有能动力、文化就有持续力。我在理解实战的故事中、在理念的框架下，轻松读完了这本书，我相信这本书一定会帮助你理解为什么人力资源管理可以变得简单。

乔　健
联想集团全球首席市场官、市场营销高级副总裁

推荐序三
学习投行的先进人资理念

肖南先生，被业内亲切地称为 Nevin，是国内非常资深、兼具国际视野及本土实践经验、备受尊敬而且非常有影响力的人力资源前辈和专家。Nevin 也是我非常敬重的老领导、导师和朋友。Nevin 是我在 1994 年进入人力资源行业的引路人，在之后的 20 多年时间里，我曾先后从事摩根士丹利、高盛及摩根大通在中国的合资或独资公司的人力资源管理工作，得到 Nevin 许许多多宝贵的指导和帮助。他对于华尔街投资银行文化和哲学的深刻体会与洞见，对投行文化和理念在中国金融机构生根发芽与传播所进行的孜孜不倦的探索与实践，激励着我在不断思考中前行。

了解到 Nevin 写了这本《人力资源其实很简单》并且即将出版时，我抑制不住内心的激动和喜悦，先睹为快，一口气研读了书中的每一个章节，受益匪浅。Nevin 在书中娓娓道来，为读者揭开了华尔街投行神秘的面纱，以丰富鲜活的实例阐述了投资银行重视人力资本，在人才选育用留方面的核心理念和最佳实践。特别是在招聘、激励和考核三部分中，Nevin 在树立正确的企业人才观、企业文化对吸引和保留人才的影响，以及激励与考核的艺术与科学方面给予了详尽的指导。

中国目前已经超过日本，成为世界第二大经济体。随着中国金融市场的进一步开放，这本书的出版恰逢其时，具有非常深远的意义。21世纪竞争的焦点是人力资源，面对未来的竞争，能够为组织赋能的领导者和人力资源部门是企业基业长青的关键因素。中国没有投行文化，企业未来如何在国际资本市场以及越来越激烈的国内人才战中胜出？这本书是一本国内金融机构人力资源管理升级的奠基之作和实战指南，可以帮助金融行业的企业领导者、直线经理（line manager）以及人力资源从业者打破旧观念，拓宽国际视野，学习国际先进的人力资本理念，并结合自身企业的特点和发展阶段，重塑企业文化，提升竞争力，为企业创造价值。

刘　佳

瑞士再保险高级副总裁

序

亲爱的读者，您手中的这本书是《重新理解人力资源》的升级，它承载着我们对人力资源管理领域更深刻的思考。2019年，《重新理解人力资源》以独特的视角探讨了企业人力资源管理，如今，我们带着更加成熟的见解和咨询经验，再次与您相遇，呈现这部更新之作。

初衷：从复杂到简单，回归本质

当时我写作《重新理解人力资源》的初衷，并非仅仅从传统的人力资源管理视角切入，而是希望通过贯穿始终的PMT思维模型，即philosophy（理念）、methodology（方法论）和tool（工具），打破束缚，从另一个角度探究人力资源管理，尝试揭示人力资源管理背后的简单逻辑。

我们深知，很多时候，人们习惯把简单问题复杂化，而人力资源管理其实并不复杂。只要理解了它背后从理念到方法再到工具的逻辑，就会茅塞顿开。回望初心，修订时我们增加了更多翔实的案例和补充，决定将书名定为《人力资源其实很简单》。

PMT 思维模型：从理念到方法论再到工具

《重新理解人力资源》一书形成了我们化繁为简的PMT思维模型的雏形，即理念、方法和工具。而在这次修订时，我们将PMT思维模型具体化和实战化，形成思考和做事的模式：从理念到方法论，再到工具或技术层面。

理念解决"why"的问题，背后的问句是："为什么这样做而不那样做？"

方法论解决"what"的问题，背后的问句是："用什么方法做？"

工具解决"how"的问题，背后的问句是："用什么工具做这件事和怎样做？"

理念指导方法论，方法论决定工具，工具反过来践行理念。这与中国的道、法、器的道家哲学有异曲同工之妙。

理念升维：从结果主张到过程主张

在本书中，我们通过PMT思维模型深入探讨绩效管理这一企业的核心需求，并分析绩效考核的两大指导理念：结果主张和过程主张。

结果主张的关键符号是大家熟悉的个人KPI（key performance indicators），即关键绩效指标。它关注员工在单位时间内的产出（production），并以此作为奖励的基数。

过程主张则引入了相对较新的概念——个人KBI（key behavior indicators），即关键行为指标。它强调培养员工的产能（productivity），以此作为奖励的基础。

结果主张理念是给每一个岗位和员工设立可以衡量的KPI；过程主张理念的倡导者是行为派，通过关注和培养员工的KBI，提升整体产能和绩效。

在一个百十号人的企业，假设管理者是认真和投入的绩效管理者，他也许可以花一些时间给每一个岗位和员工都设立可以衡量的KPI，但是随着企业的发展壮大，给每个岗位和员工设立KPI这件事会让他变得力不从心。而如果将结果主张的理念转化为过程主张的理念，企业管理者通过关注和培养员工的核心KBI（不超过10个），就可以达到很好的绩效管理效果，而且无论什么岗位和级别的员工都是同样的KBI。这就是我们所说的大道至简。

结果主张容易导致员工为了达成目标而冒险，过程主张注重每个环节的执行情况，可以更好地识别和管理风险；结果主张过于关注个人的目标完成情况，过程主张强调团队在实现目标过程中的协作和沟通；结果主张设定的目标通常比较固定，难以应对外部环境的变化，而过程主张强调灵活调整执行过程中的措施，能够更快地响应市场变化。

从结果主张考核理念转换为过程主张考核理念，不仅是考核工具的变更，更是理念层次的提升。它超越了简单的结果评估，深入实现目标的每个环节，强调过程的优化和持续改进，将只关注考核达成率结果，转变为专注获得的成果。从专注结果变成专注成果，这种理念的升维，可以为企业注入新的活力和竞争力，使企业获得更长远和可持续的发展。

以优秀吸引优秀：招聘理念的转换与实践

与绩效和激励管理一样，招聘也是企业的刚需和频需。在本书中，我们深入探讨并分析了企业招聘难的问题。我们发现，企业难以招聘到理想人才的根源在于企业都在追求高贡献度的人才。

在解决企业招聘难的方面，我们提出了"甄选"重于"招聘"，"吸引"重于"甄选"的招聘理念，普通企业在"招聘"人，优秀企业在"甄选"人，卓越企业在"吸引"人。

当企业管理者发现很难招聘到理想人选时，往往是因为他们在认真地"选"人，这与那些给招聘下达量化指标、注重数量的"招"人的企业形成鲜明对比。前者专注于寻找真正符合企业文化和岗位能力需求的优秀人才，而后者则更倾向于快速填补职位空缺。一字之差，企业的招聘理念判若云泥。因此，企业在招聘过程中应更加注重"选"人和"吸引"人，而非仅仅"招"人。人选对了，企业的吸引力也就增加了，当一个组织因为拥有许多优秀的人才而建立起良好的声誉时，这种声誉会吸引更多的优秀人才加入。以优秀吸引优秀说的就是这个道理。

人力资本：流动性、趋优性和稀缺性

在本书中，我们深入探讨了人力资源和人力资本的问题。将人力赋予资本属性后，便可称之为"人力资本"。"资本"这两个字一下子就将人力资源的重要性提升了许多。具有金融资本属性的人力资本除了具备类似金融资本的流动性、趋优性和稀缺性等典型特点外，还具有"劣币驱逐良币"的特点。

比如，一家企业不仅不会因为优秀人才稀缺而吸引更多的优秀人才的加入，反而会将优秀人才排斥在外。这是一个人才悖论：在很多情况下，企业对人才的重视程度并不遵循"物以稀为贵"的逻辑。人才越少的企业越浪费人才，人才越多的企业反而越重视人才。

一个木桶的容量不是由最长的木板决定的，而是由最短的木板决定的。这意味着一个系统整体效能要获得提升，必须消除其最薄弱的环节。如果一个企业拥有的优秀人才较少，就无法充分发挥这些人才的能力，因为有环境和团队的限制。反之，如果一个企业拥有大量优秀人才，这些人才会形成一个强大的团队，吸引更多的优秀人才加入，从而实现整体水平的提升。因此，企业应致力于打造高水平的优秀团队，以吸引更多的优秀人才。

公司文化 vs 公司化文化

在《重新理解人力资源》出版后,我们收到了很多读者朋友的反馈,他们对书中提出的"企业文化"和"企业化文化"的概念表示了浓厚的兴趣,并希望我们能进一步探讨这些概念在实际管理中的应用。在本书中,我们深入讨论了企业文化与企业化文化的区别,两者虽然只有一字之差,多了一个"化"字,却有根本的不同。企业文化决定了员工的行为和态度,一旦企业形成了文化,就需要认真打造企业化文化,因为后者决定了员工的工作方法。

简而言之,企业化文化是任何想要生存下去的企业都必须掌握和遵循的企业经营逻辑。例如:企业要发展,就必须招聘人才,而在人才招聘过程中,企业必须甄选人才,而不是简单地找人,要运用BEI(behavior event interview),即行为事件面试工具对候选人进行甄选,而不是只有简单的面试流程。

在获客销售方面,企业必须遵循LTC(leads to customers,从销售线索到付费客户)的获客逻辑,或者DTC(direct to customers,客户直达)的营销逻辑,善用有限的企业资源,而不是依靠挥霍资源来吸引客户。

企业要推出市场喜欢的产品,就必须遵循PLC(product life cycle 产品生命周期)的产品逻辑,通过市场调查来了解客户需求,而不是随意开发和生产企业自己喜欢的产品等。

企业要保持内部信息通畅,就要强调以邮件沟通为主,而不是以电话沟通为主，以确保信息的准确性和完整性。常用邮件沟通可以培养员工的乙方思维或利他思维，而电话沟通则是比较典型的甲方思维。

无论要经营和管理何种企业，管理者都必须了解"企业化文化"与"企业文化"的不同之处，遵循企业发展的逻辑。

销售成本理念 vs 劳动力成本理念

在本书中，我们讨论了激励和薪酬架构，并提出了销售成本理念和劳动力成本理念对激励和薪酬设计的影响，以及如何在公司的发展阶段找到最佳的平衡点。

基于销售成本理念设计的激励方案，其考核方法是设立个人KPI，考核工具是个人KPI达成率，员工获得的奖励是提成或佣金。而基于劳动力成本理念设计的激励方案，考核方法是设立公司的KPI和个人的KBI，考核依据是公司的"三费率"（第五章有详细讨论）和员工能力评级（一般通过A、B、C不同等级来体现），员工获得的是奖金。

我们还讨论了提成与奖金的本质区别。"提成"与"奖金"是两个不同的概念，但是管理者经常将二者混为一谈，导致激励问题层出不穷。

提成的设计理念让考核只关注结果，如达成率；奖金的设计理念让考核更看重达成目标所带来的成果或价值。如果人人只关注达成率，就很难有动力去创造真正的价值。

  本书对这些企业常见的管理问题都进行了分析和讨论，然后提供了清晰的解决方法。认真阅读本书，理解并掌握这些理念后，相信读者会更加认同书中提到的管理方法和工具，对使用这些工具充满信心。

  在这本书中，我们没有仅仅停留在表面的理论探讨，而是更加深入实际，探索具体的方法和工具。希望这本书能够为您的管理实践提供新的视角和灵感，助力您在人力资源领域取得更大的成就。

肖 南

2024 年 6 月 18 日

目录

第一章 | 人力资源管理理念

如何合理、公允地奖励每一位员工　　/ 005
你的薪酬方案的哲学是什么　　/ 009
华尔街投行的薪酬理念　　/ 019
理念渗透：让全体员工认同　　/ 022

第二章 | 人力资源部是什么

德鲁克式的提问方法　　/ 033
为何人力资源部不愿被定位为服务部门　　/ 036
逐利异化的企业　　/ 039
逐权异化的人力资源部　　/ 040
求存异化的企业　　/ 045
异化回归：卓有成效地为员工服务　　/ 048

第三章 | 把人力资源当作人力资本

"人力"加了"资本"二字为什么就升值了？　/ 055
让最优秀的人共事　/ 056
找到企业收益与员工收益的最佳平衡点　/ 060
处理好权力与服务的关系　/ 066
做业务部门的战略伙伴　/ 071
总经理要做一个"无意识"的实践者　/ 075

第四章 | 招聘——找到最合适的人

企业招聘的三种理念　/ 087
企业为什么招才难——追求高贡献度的人才　/ 090
树立正确的企业人才观　/ 094
关于人才的两个悖论　/ 099
"明星"员工：企业的"生产者"和"领导者"　/ 105
成功招聘的双重境界观　/ 113
关于招聘的方法论　/ 116

第五章 | 激励——设计一个具有吸引力的薪酬体系

为什么员工像"喂不饱的饿狼" / 148
优秀企业都是吃"大锅饭"的 / 155
三种绩效设计理念的对比 / 160
KPI 的前世今生 / 163
KPI 是用来考核 CEO 的 / 165
KPI 层层下达应遵循正确的方式 / 170
KBI 的应用场景 / 174
如何使用 KBI 考核工具? / 178
用什么考核工具才能有效考核 KBI? / 181
由上而下的薪酬方法论 / 188
科学的级别管理与晋升 / 208

第六章 | 考核——行为考核与360度绩效反馈法

行为考核法：行为比业绩结果更客观　　/ 217
更注重绩效管理而不是绩效考核　　/ 223
360度绩效反馈工具：全方位的行为考核　　/ 226
360度绩效反馈流程　　/ 232
17种核心能力：非量化的考核指标　　/ 234

第七章 | 培训——让员工越来越优秀

培训不是万能的　　/ 245
直观感受：最不像培训的培训　　/ 249
培训是企业的社会责任　　/ 256

第八章 | 企业文化与企业化文化

企业文化与企业化文化的区别　　/ 265
优秀企业为什么不批评"形式主义"？　　/ 269
企业化文化离不开"乙方思维"　　/ 272

如何让企业里的沟通更高效　　/ 274
解决沟通问题的邮件文化　　/ 277
绝不允许跟你共事的人失败　　/ 281

后　记　/ 286

第一章

人力资源管理理念

在思考撰写此书时，我给自己提出了一个指导思想，就是多谈人力资源管理方面的理念，避免过多讨论人力资源技术层面的东西。原因很简单，我们做什么事情都离不开一个好的方法论，但好的方法论的形成又离不开正确的理念。

理念属于思维层面，方法论属于操作层面，实践是结果。投资界泰斗级人物巴菲特将自己的投资实践从理念、方法及战术几个层面来思考，形成了独特的投资方法论：价值投资是巴菲特一贯的投资理念，他注重挖掘被低估的优质企业，以长期持有为目标；股价分析是他在投资决策时的重要方法之一，通过分析企业的基本面和估值来评估其投资价值；此外，巴菲特还强调等待良机和规避风险的重要性，并坚持长期主义的投资思维。

我通过总结30多年的人力资源管理实践，将从理念、方法论及工具三个层面对人力资源管理展开探讨和总结。

理念务虚指导方法论，方法论务实呈现理念。在工具层面，我会言简意赅。对于那些对工具层面或操作层面感兴趣的读者来说，这本书会让你从认知上重新理解人力资源管理，从而对一些正在流行的考核工具，如KPI、OKR和360度绩效反馈等有更深刻的理解。如果你有足够的耐心和时间来阅读书中的几个章节，应该也会有新的发现。

什么是理念？应该没有标准答案，就算有，也可能是见仁见智。理念的外延是务虚，内涵是可以指导行动的方法论，但又不好简单阐述，所以介绍大师级人物的书或文章的标题都喜欢用"起底××投资思维背后的……"之类的表达。"起底"一个"理念"确实是一个贴切的说法。"理念"这个东西，说它务虚其实也不是，凡是大师级人物都已经把"理念"表象化和白话化了。比如下面这句话，我们都知道它是谁的股票投资理念："别人恐慌我贪婪，别人贪婪我恐慌。"这是一个将理念白话化的典型例子。但是，能够彻头彻尾地执行这个股票投资理念的人可能不足10%，90%的人可能都是"别人贪婪我更贪，别人恐慌我更慌"。

所以，与其给"理念"找一个准确的定义，还不如给理念找一个描述：理念也许是一个90%的人都能理解，但又不愿意按其理解来实践的东西。这也许能解释为什么能正确地做大事的人不会超过10%，比如在股票市场上，90%的人——俗称"韭菜"，是在给10%的人送钱；在每一个行业里，10%的企业在领跑本行业，成为头部企业，90%的企业在参与和维系本行业的存在，成为长尾企业。二八定律①的形成是因为"理念"被"不公平地"吸收和理解了吗？写到这里，我又想起了一首英文歌的歌词：Wise men say only fools rush in（智者云，只有愚者才会扎堆儿往里冲）。这句歌词可以很好地描述和理解"理念"。

---

① 二八定律，指在任何一组东西中，最重要的只占其中一小部分，约20%，其余80%尽管占多数，却是次要的。该定律是在19世纪末20世纪初由意大利经济学家帕累托发现的。——编者注

如何合理、公允地奖励每一位员工

曾经有一位非常著名的深谙国内外经济学理论的学者问我：经济的基础是什么？我不是经济学专家，只能简单凭常识回答道：是供求关系？这位学者说：经济的基础是激励。

我比较佩服这位学者在经济学领域的成就和洞见，所以他的这句话我也记住了。套用这个逻辑提出本书的问题：人力资源管理的基础是什么？答案肯定见仁见智，而我本人倾向的答案是：人力资源管理的基础也是激励。

继续问：那么，指导激励的理念是什么？这又是一个见仁见智的问题了。大凡没有标准答案的问题都不涉及科学，属于艺术范畴，而艺术范畴的答案的完整性又取决于回答者的背景、常识、经历、知识结构、智商、情商、内省能力（empathy）等先天就有或后天习得的本事。本事大的人可能会离正确的理念近一些，其获得社会资源的能力自然也就强一些。

实际上，理念是驱动力，在认知结构里，属于动机层。指导激励的理念的重要性就在于，它能够解决企业在人力资源方面遇到的难题，即如何合理、公允地用薪酬激励每一位员工。用心的读者一定会问：为什么是薪酬激励？难道只有现金化的薪酬才能激励？很好的问题！我也不是现金为王的激励倡导者，我提倡的激励公式是：

$$激励 = 刺激 + 激发 - 负激励$$

刺激（incentive）是外因，属于现金激励部分；激发（motivation）是内因，属于非现金激励部分；负激励属于惩罚部分，它的作用是希望通过提供不愉快的后果来影响个体的行为，以避免或减少不希望的行为。我不太认同企业过多地使用负激励这个工具来纠正员工的行为，所以是减项。

本书重点讨论如何用好薪酬激励。该用什么样的薪酬理念来激励员工呢？有些成功的企业经过几十年的摸索，已经较好地解决了这一难题，它们已经比较成功地通过正确的理念、方法论和工具把现金激励落实到每一位员工身上。但是，我们也毫不夸张地说，到目前为止也只是比较成功地解决了薪酬激励，还没有企业找到完美的解决方案。我认为，也许永远不会有一个完美的解决方案。

这就是到现在为止，真正重视薪酬激励员工的企业，没有一家不强调奖金保密的原因。因为除了保密，企业似乎别无选择。"假如你把奖金数额告诉了某人，就会马上出现一个不高兴的员工。"这已经是人力资源领域的一个共识，尤其是在真正重视员工激励的企业。

从"社会比较理论"（social comparison theory）①的角度来解释，人们喜欢将自身与他人进行比较，进而形成对自身的评价和心理反应。在上面这个案例中，如果一个员工知道他的奖金比同级别的同事少，他可能会产生负面情绪，例如嫉妒、恼怒和失落，甚至可能对工作的满意度和干劲产生负面影响。这就是为什么很

---

① 社会比较理论由心理学家莱昂·费斯汀格于1954年提出。

多公司选择保密员工的奖金，以避免潜在的比较和竞争，维护良好的工作氛围。

我于1996年加入中国国际金融股份有限公司（以下简称"中金"），之后又分别加入了高盛、摩根士丹利和摩根大通银行（J. P. Morgan），一直从事金融行业人力资源方面的工作。加入中金之前，还在大学、酒店和快消品行业工作过。从企业性质来看，我的从业经历涉及事业单位、外资独资和中外合资企业；从行业来看，从业经历涉及教育、服务、快消品行业和金融领域。

从经历来看，似乎我是一个跳槽狂？其实不然。每次"挪窝"都是就业市场的润滑剂——猎头使然。

对我而言，中金是改变我对于人力资源管理认知的一个分水岭，这是有原因的。记得加入中金前面试时，哈里森·扬（Harrison Young）是当时的CEO（首席执行官），由摩根委派。我问了他几个问题：目前中金面临的人力资源方面的挑战是什么？我加入后的首要任务是什么？他回答说：我们要设计出一个统一（uniform）的薪酬方案。

我对"统一"二字有些不解，因为人的能力、贡献和所在部门是不同的，薪酬怎么能统一呢？我便追问道：为什么要一个统一的薪酬方案？

他的回答出乎我的意料，他说他不需要统一的薪酬方案，但是一些高管有这方面的要求，他也不清楚什么是"统一"的薪酬方案，让我加入后先了解情况，然后拿出一个方案。

于是，入职后我开始着手落实"统一"的薪酬方案，当时担任中金公司副总裁的方风雷和负责直接投资部的吴尚志是这一方案的推动者。方总是中国投行的泰斗级人物,吴博士的名字大家应该已经耳熟能详了,他在 2002 年离开中金后,跟另一位中金的同事焦震共同创立了鼎晖投资（CDH Investment）。从成立到现在已经参与扶持和投资了 300 多家企业,并成功扶持其中 100 家成功上市。①

我跟吴博士和其他几位高管进行了充分的沟通,大家认为,中金作为一家根植中国、放眼全球的独立机构,要有一套符合国际投资银行行业标准的、能激励本地员工和外籍员工的薪酬方案。当时的中金还没有一套针对不同类别员工的激励方案,摩根派遣的员工享受摩根的激励方案,本地员工享受本地的激励方案,因此部分有国际背景和海外工作经历的员工对本地激励方案不满意,大家希望淡化国籍在激励方案中的比重,强化能力、市场、职级和绩效等因素的作用。

经过沟通,我们将方案重新定位：管理层要的不是一个"统一"的薪酬方案,而是一个基于统一的理念和方法论来决定员工贡献的薪酬方案。公司管理层希望建立一套能够指导组织确定如何奖励员工的理念和方法,确保公司员工的薪酬对外有竞争力、对内公平,奖励是基于绩效而不是基于员工的类别和背景,福利以及整体薪酬结构能够支撑公司长期的战略目标。

---

① 摘自公司网站：https://www.cdhfund.com/about/。

你的薪酬方案的哲学是什么

我加入中金前,在快消品行业工作。当时业界流行的薪酬激励方案基本都是基于销售成本理论(cost of sales),说白了就是"底薪+销售提成",底薪跟职级挂钩,提成系数是销售业绩的某个百分点。当时,我还没有投资银行行业的工作经验。加入中金后,经过几个月对投行特点的学习、调研和思考,结合当时非常流行的3P薪酬模型,即所谓的因人支付薪酬(pay for people)、因岗支付薪酬(pay for position)和因绩效支付薪酬(pay for performance)理论,我拿出了中金公司的第一套所谓的统一方法论的薪酬方案(见表1-1)。

表1-1 第一稿薪酬方案

职级	底薪范围/元			奖金占薪酬总额的百分比		薪酬总额市场参考/元		
	低	中	高	底薪/%	奖金/%	总收入/%	低	高
董事总经理	40000	60000	80000	55	45	100	180000	1500000
总经理	35000	42500	50000	60	40	100	100000	300000
副总裁	30000	37500	45000	65	35	100	70000	150000
经理	20000	22500	25000	70	30	100	50000	70000
分析员	8000	10000	12000	80	20	100	11000	19000

注:数字做了脱敏处理。

我将文字描述和一些市场数据汇总后,形成了一个可操作的薪酬方案——一份大概十几页的文件。这是一个技术性非常高的方案,包含4个要素——职级、底薪、奖金和市场要素,7个标准——底薪低、中、高标准，奖金和底薪比例标准，市场参照标准。

哈里森偏业务导向，没有时间跟我讨论这个方案，便安排我跟伊莱恩·拉·罗奇（Elaine La Roche）女士讨论此方案。

伊莱恩当时代表摩根负责中金技术转让方面的协调工作，经常访问中金。我期待着跟伊莱恩就此方案有一个长时间的深入讨论。因为她是摩根运营委员会成员之一，深谙华尔街的薪酬激励制度，跟她讨论一定会受益匪浅。

她拿着我的方案看了几眼（真是就看了几眼），便问道："你的薪酬方案的哲学（philosophy）是什么？"

我顿时就蒙了，薪酬怎么还跟哲学扯上了？我反问道："有薪酬哲学吗？"她说："当然有。每一家投行都有自己的薪酬哲学，甚至做任何事情都有哲学。"

伊莱恩很快就结束了会议，让我联系当时摩根亚太区人力资源总监阿丁·艾哈迈德（Addie Ahmed）索取摩根士丹利的薪酬哲学，然后再拿出一稿讨论一下。

阿丁是一位30岁左右的英俊潇洒的年轻人，年纪轻轻就成为摩根士丹利亚太区人力资源部负责人。我问摩根是否有薪酬哲学，他非常肯定地回答"Yes"（是的）。他的回答是那样不假思索，可以说是毫不犹豫，这让我意识到还真有"薪酬哲学"这个东西。

他客气礼貌，不愿意多谈摩根士丹利的薪酬哲学（估计当时摩根在一些深层次的知识和技术方面对中金有所保留），倒是给我推荐了华尔街的一家精品咨询公司——艾伦·约翰逊咨询公司

（Alan Johnson Associates）。阿丁说，这家公司虽小，但是非常了解投行的人力资源实践，许多投行都向它寻求咨询服务。虽然没有跟阿丁过多地讨论摩根士丹利的薪酬哲学，但是初步的沟通让我意识到，我们这里所说的"哲学"有更具体的含义，把它翻译成"理念"更为准确。以后，我就用"理念"代替了"哲学"这个叫法。

我虽然当时并没有从伊莱恩和阿丁那里直接拿到投行的薪酬理念，但已经很兴奋了，冥冥中感觉到它的真实存在和价值，并有一种强烈的冲动要深入了解它。为此，我去了纽约，约见了艾伦·约翰逊咨询公司的创始人艾伦·约翰逊（Alan Johnson）先生。我花了2000美元从艾伦那里买了9家投行的薪酬理念（当时有9家纯投行，但现在只剩下摩根和高盛两家了），一共3页A4纸的内容。每家投行的薪酬理念80字左右，9家投行理念共约720字，每个字大约2.78美元，真可谓字字珠玑。仔细阅读了每家投行的内容，我发现它们的薪酬理念高度一致，只是表达和用词稍有不同，比如公司"收入"这个词有的投行用"revenue"，有的投行用"turnover"，"利润"这个词有的投行用"profit"，有的投行用"net income"，但万变不离其宗。

我2018年在写这本书的过程中，为了进一步挖掘"薪酬哲学"或"理念"这个概念，在搜索引擎中输入"What is compensation philosophy？"（什么是薪酬理念？）这几个词，出现在第一行的链接把我引到了有76年历史的全球最大的人力资源部协会——美国人力资源管理协会（Society of Human Resource

Management，SHRM）。关于薪酬哲学的描述出现在链接网页的第一个段落。英文原文是：

A compensation philosophy is simply a formal statement documenting the company's position about employee compensation. It explains the "why" behind employee pay and creates a framework for consistency. Employers use their compensation philosophy to attract, retain and motivate employees.

中文翻译：薪酬理念就是一份正式的声明，说明公司对员工薪酬的定位。它解释了员工薪酬背后的"为什么"，并为理念的一致性提供了框架。企业利用薪酬理念来吸引、留住和激励员工。

薪酬理念的主要作用包括但不限于以下7个方面（从抽象到具体）：

（1）确定组织的薪酬计划和总体奖励策略；

（2）确定薪酬计划和策略如何支持组织的业务战略、竞争前景、运营目标和人力资本需求；

（3）吸引人才加入组织；

（4）激励员工发挥其能力和技能；

（5）保留关键人才并奖励高绩效员工；

（6）定义组织在基本工资、变动薪酬和福利机会方面的竞争市场地位；

（7）根据业务状况、竞争和支付能力定义组织如何进行有竞争力的支付和奖励。

在准备修订此书的时候，我在浏览器中输入中文"薪酬哲学"四个字，出现了这样一个搜索界面（见图1-1）。

Korn Ferry Focus
https://focus.kornferry.com › 薪酬的科学与哲学：薪...

薪酬的科学与哲学：薪酬设计与管理"四步法"
薪酬管理是一个连续动态的系统。光辉国际的薪酬管理从确定薪酬战略和付薪理念出发，设计薪酬架构和整体管理办法，并在实施与日常管理中进行调整，加以阶段性的审计和动态...

虎嗅网
https://www.huxiu.com › article

华为的薪酬哲学
2021年8月7日 — 华为以奋斗和群体奋斗分配薪酬和机会。奋斗是华为的企业精神，任正非提出薪酬必须依靠奋斗和努力才能得到，没有奉献精神的人不能成为干部，没有奋斗意志、...

Sohu
https://www.sohu.com › ...

薪酬的科学与哲学：薪酬设计与管理"四步法"
2019年8月12日 — 薪酬的科学与哲学：薪酬设计与管理"四步法"。一方面，企业对于劳动力的要求不断地朝着多样性和高要求迈进，同时劳动力对于薪酬公平等愈加关注；另一...

三茅网
https://www.hrloo.com › wenda

薪酬模型是什么
2023年7月12日 — 1.薪酬哲学：明确企业对薪的理念和目标，包括如何激励员工、吸引和留住人才等方面。2.职位定级和薪资等级结构：通过对不同职位进行分类和评估，建立...

图1-1 薪酬哲学搜索界面

第二条链接是关于华为的薪酬哲学的文章。这篇文章比较长，我把它按照薪酬理念的逻辑浓缩成下面这个段落：

华为公司将经济价值作为主要的价值分配方式，但也强调将机会、权力等作为可以分配的价值，并将其看得比经济价值更重要。公司通过公平竞争机制，对公司的机会资源进行合理分配，为人才的成长创造良好的环境和条件。华为分配价值的依据是

"奉献"和"贡献",强调了"使命感"和"高绩效"。公司以长期奉献能力与实现贡献定薪酬,以短期贡献定奖励。华为以奋斗和群体奋斗分配薪酬和机会,强调奋斗精神和干劲。

总结虽短,但是我们已经看到了华为薪酬哲学的精髓:(1)按奉献和贡献分配价值;(2)强调使命感和高绩效;(3)强调公平机会资源而不是薪酬资源。

写到这里,我要感谢伊莱恩,她是一位非常有洞见的领导者。在跟她共事之前,当时30多岁的我在人力资源实践上基本只停留在技术层面,也就是说,领导交给我的项目我可以比较轻松地拿出一个技术导向的方案,从技术的角度直接解决问题,但是方案对企业和团队而言,是否会有长期的隐患,我不会考虑很多,或者说当时的我也不知道从什么角度来考虑这个问题。用现在的话来说,我当时的实践就是简单地从1到n的量的复制,并没有形成从0到1的质的飞跃。伊莱恩对我深化人力资源的理念有很深的影响,她曾经是我的直接领导,但是我更愿意把她称为导师(mentor)。她让我无形中形成了一种做事的模式:从理念到方法论,再到工具或技术层面。我在后来的工作中,进一步把这套做事的逻辑归纳为PMT思维模型,即:

- 理念(philosophy)。
- 方法论(methodology)。
- 工具(tool)。

理念解决"why"的问题，它背后的问句是："为什么这样做而不那样做？"

方法论解决"what"的问题，它背后的问句是："用什么方法做？"

工具解决"how"的问题，它背后的问句是："用什么工具做这件事？"

理念指导方法论，方法论决定工具，工具反过来践行理念。这跟中国的道、法、器的道家哲学有异曲同工之妙。

PMT思维模型符合我们常说的"大石头"理论——把大小不同的石头装入箱子的顺序是先装大石头再装小石头，如果顺序相反，部分大石头就装不进箱子了。所以，正确的做事顺序是先主要后次要，正确的思考顺序是先抽象后具体。理念想清楚以后就要马上思考落地和执行的方法和工具。

我是理念迷，更是工具迷，甚至觉得如果没有好的工具，再好的理念也是空中楼阁。这也许就是"理念"经常会摊上务虚"罪名"的原因？我们可以通过两个具体实例来进一步讨论一下PMT思维模型中工具的重要性。

第一个例子是全球化。

如果全球化是一个理念，贸易则是呈现理念的方法，集装箱就是践行理念的工具了。全球化在很大程度上要归功于不起眼的海运集装箱这个工具的发明。因为在发明集装箱之前，装船是一件复杂、低效和高成本的事情。

当时货物海运通常采用散装货物的方式，这意味着货物是被直接装上船，没有经过特殊的包装。人们将货物堆放在船上或船舱中，然后用绳索、系带或木材等简单的固定方法将它们固定在船上。货物的大小、形状和性质各不相同，因此装载和固定方式也各不相同。这种装载方法存在许多问题。首先，货物容易受到海水、天气或意外事件的影响。其次，散装货物装卸和处理的效率较低，需要大量的劳动力和时间。最后，由于货物无法稳定地堆放在船上，容易损坏或丢失。

随着集装箱的发明，这些问题得到了圆满解决。集装箱以一种统一的标准来包装运输货物，可以使之方便地堆放和固定在船上，提高了装卸效率，还保护了货物免受海水、天气和其他外部因素的影响。所以全球化能够快速展开从某种程度上是要归功于集装箱的发明。

"没有集装箱，不可能有全球化"是《经济学人》杂志给马克·莱文森（Marc Levinson）《集装箱改变世界》一书的经典评语。这句话强调了集装箱这个工具在全球化进程中的重要作用。它极大地降低了货物运输的成本，使全球各地可以更容易地进行贸易交流，对于全球化的发展起到了推动作用。

第二个例子是企业的激励和考核。

激励和考核是企业的刚需和频需。有不少企业从创立到发展了10年以后，依然被如何激励和考核员工这个问题所困扰。究其原因，还是因为企业没能从PMT思维模型的角度把激励和考核的理念、方法和工具想清楚，并坚持下去。

关于激励和考核，有两大指导理念：一种是结果主张，另一种是过程主张。结果主张关注员工在单位时间内的产出（production），并以此作为奖励的基数；过程主张强调培养员工的长期产能（productivity），并以此作为奖励的基础。两种理念孰优孰劣要根据企业的管理能力来判断。管理能力强的企业倾向于采用过程主张的理念，管理能力稍逊一等的企业则倾向于结果主张。

如果公司选择了过程主张的激励考核理念，就要花时间思考和设计考核方法和工具。过程主张是以每一位员工达成业绩的能力论英雄，考核方法是通过高度描述化的关键行为指标（KBI）来发现员工的能力，工具就是360度绩效反馈。试想，如果没有360度绩效反馈这个考核工具的发明和运用，过程主张的考核理念即使再先进也很难落地。本书会在后面详细讨论如何成功地落地360度绩效反馈工具。

结果主张指导下的激励考核就是以每一位员工的业绩结果论英雄，方法是设立高度量化的关键绩效指标（KPI），工具是提成。KPI这个考核方法已经有接近100年的历史了，被广大企业所熟悉，这里不再赘述。我们将上面的讨论浓缩成表1-2。

表1-2 企业的两种激励与考核理念

理念	方法	工具
结果主张	定量的KPI	达成率（佣金）
过程主张	定性的KBI	360度绩效反馈（奖金）

有人说，理念没有好坏之分，只有合适与否。此话或许有一定道理，但我还是想强调一下，先进的理念是可以让采纳者长期受益的，理念错了，杀伤力也会持久并让采纳者很难摆脱。

企业如果在早期阶段，追求活着的目标，则往往倾向于采用结果主张的考核理念，考核的方法就是每一位员工扛着一个或几个量化的KPI，然后根据薪酬的固浮比设计来获得浮动部分的奖励，常见的固浮比是7∶3或8∶2，将员工收入的浮动部分跟个人的业绩直接挂钩。在这样的考核理念的指导下，考核工具就是量化的个人KPI公式：奖金＝奖金基数×KPI达成率。一味用结果主张的理念来指导绩效管理对企业来说是有代价的，一不留神企业就落入了中等规模陷阱。海底捞创始人张勇在他的《海底捞你学不会》一书中有一句名言："每个KPI的背后都有一个复仇女神。"说的就是这个道理。

企业如果追求活得久的目标，则应倾向于采用过程主张的考核理念，考核的方法就是定义员工的关键行为指标（KBI），以能力促结果。考核工具就会采用能够发现员工行为能力的360度绩效反馈［科技企业常用OKR（objective and key result，目标与关键成果法）］，考核工具将员工按照能力分为A、B、C三个等级，每个等级占比例通常是20%、70%、10%，公司根据员工的能力等级、岗位市场价格、责任大小和公司的业绩表现等因素决定员工的奖金数额。

过程主张理念不一定能让企业摆脱中等规模陷阱，但它一定是让企业从中等规模进入行业头部行列的必备条件之一。优秀企业通过过程检验结果，普通企业倾向于只看结果不看过程。

结果导向让企业活着，过程导向让企业活得长久。

华尔街投行的薪酬理念

光谈理念会给人务虚不落地的印象,如何将理念落地,需要有方法论的支持。在前面提到,加入中金使我对人力资源的理解产生了0到1质的飞跃。当时,我们除了认真领悟先进投资银行的薪酬理念,也花了大量时间探讨符合中金情况的、能落地的先进理念的方法论和工具。通过不断的讨论,我们逐步完善了方法论并年复一年地拿出年度薪酬方案供董事会审批。

现在回到我从艾伦·约翰逊咨询公司购买的9家投行的薪酬理念。如前所述,9家投行的理念在本质上都是一样的,只是表述略有不同。这里我给大家举一个实例。

原文:Profitability objectives and shareholder interests are firmly embedded in our compensation structure which is termed total rewards. We tie total rewards to Company's earnings, which are manifested by relevant financial ratios (PBT or ROE). Bonus, if any, is part of total reward and is discretionary in nature. At higher compensation levels, variable incentive awards become a significant component of an individual's total compensation with certain amount of bonus deferred into the Company's long-term incentive program.

中文翻译:我们的薪酬结构以总薪酬的形式来体现,总薪酬跟公司盈利和股东利益紧密挂钩。公司的盈利状况要通过税前利润(PBT)和权益收益率(ROE)的结果来体现。奖金(如有)从本质上讲带有任意性,它是总薪酬的一部分。总薪酬越

高，浮动奖金的比例越大，其中大部分奖金必须以股票的形式递延发放。

可以想象，各位在看到这个所谓的薪酬理念时，可能跟我当时看到的感觉一样，并没有让我有脱胎换骨、涅槃重生的感觉。这就是理念的特点：不深奥，可描述，难贯彻。只有尝过布丁才知道布丁的味道，只有开始贯彻理念才知道贯彻理念的难度。

我们先来把这个薪酬理念拆分一下，找出它的关键点（上面加粗部分）：

● 年底的薪酬奖励采用总薪酬概念（total rewards），而不是奖金的概念，总薪酬的定义是"底薪＋奖金＋限制性股票（如有）"。

● 个人的总薪酬跟公司的收入挂钩（而不是跟个人业绩挂钩）。

● 公司的财务指标重点看收入增长率、税前利润率、净利润率和股权收益率，并在此基础上产生薪酬总盘（而不是只看利润率）。

● 个人的总薪酬越高，浮动奖金部分越大，其中一部分要以公司股票的形式发放并递延发放；强调奖金在总薪酬中的风险比例跟职级的高低为正相关关系。

● 奖金带有任意性（discretionary），而不是通过一个科学的公式测算出来的。强调每一个人薪酬的艺术性而不是科学性。

采用总薪酬制来奖励员工是这一理念的"绝杀",再将薪酬总盘跟公司的业绩(而不是个人的业绩)紧密挂钩是另一个"绝杀"。

把这两点称为"绝杀",是因为用总薪酬而不是用奖金来体现员工的价值,让激励方案变得更简单、更合理、更公平,解决了困扰许多人力资源部和公司高层的如何相对公正地激励员工的问题。如果把薪酬理念分为传统理念和新理念的话,我们大概会有两种测算奖金总额的公式。

传统公式(90%以上的企业所采用的)是:

奖金 = 底薪 × 绩效系数

在这个传统激励理念的指导下,员工会把筹码押在底薪上,因为底薪越高奖金越多,底薪基数比绩效系数更重要。这个公式貌似重视绩效,实则重视底薪。这就是为什么应聘方在和招聘方谈薪酬待遇的时候通常都会尽其所能地就底薪进行激烈的讨价还价。这一传统激励理念的另一个缺陷是绩效系数,员工和团队为了获得最大的绩效系数,往往会在业务指标上跟公司讨价还价,总是希望在年初拿到尽可能低的业务指标,这样年终才能够获得尽可能高的完成率,从而获得较高的绩效系数。

在新理念的指导下,奖金公式被改写为:

奖金 = 总薪酬 − 底薪

在这个新理念的指导下,员工开始把筹码押在总薪酬上,总薪酬越高,奖金也就越多。这样,如何确定每一个人的总薪酬就变得尤为重要，我会在后面讨论方法论的章节中重点论述这一点。后续我们还会进一步说明总薪酬能解决什么样的人力资源管理问题，如低职级的人也许比高职级的人的总薪酬高该怎么办、发现被提前晋升的人的能力和业绩结果并没有达到公司的预期又有什么应对方法，这些都是人力资源管理中常见的问题。

理念渗透：让全体员工认同

有了新的理念并不意味着它就能对一家企业发挥出应有的效能，理念的有效性在于该理念能被全体员工认同。企业要利用所有机会，例如面对面的沟通和讨论来分享理念，这叫作"理念渗透"。华尔街用了多长时间让该理念深入人心我们不得而知，因为在我国改革开放的20世纪70年代后期，这种薪酬激励理念已经成为华尔街默认的实践逻辑。早年的中金高层很快就明白了一个道理，即不理解也要执行，这个逻辑让他们快速地接受和消化了这个激励理念："僵化—优化—再优化—固化"成为当时引进投行激励理念的模式。除了薪酬理念，与其配套的方法论，即基于关键行为指标的考核维度和360度绩效反馈工具也走过了"僵化—优化—再优化—固化"的过程。

根据新的薪酬理念，中金公司董事会让毕明建（当时的管理委员会成员之一）带领一个小组，尽快拿出一个基于优秀投行理念的薪酬方案。我们跟国际顶尖的人力资源咨询公司韬睿（Towers

Perirn）和投行界的薪酬调查公司麦克里根（McLagon）一起工作了一年左右的时间，拿出了中金的第一套符合投行理念的薪酬激励方案。激励方案引入了新的指导理念，涵盖了总薪酬的4个驱动因素、薪酬结构和薪酬分配方案。考虑到中金还是一家非常新的国内本土投行，方案设定了一个3年的过渡期。

薪酬理念我们讨论过了，个人总薪酬的4个驱动因素分别是：

● 公司的业绩（决定"蛋糕"是否够吃）。
● 个人岗位薪酬的市场定位（决定是否能够支付个人有竞争力的薪酬）。
● 个人的能力（决定个人可以分到多少"蛋糕"）。
● 个人承担的责任大小（决定是否能够公平地认可个人）。

这些因素我们会在后面的章节中继续讨论。

与第一个方案相比，这个方案的最大改动是将偏科学的"公式化奖金"（formulaic bonus）收入变成了偏艺术的"管理层自由裁量奖金"（discretionary bonus）收入，并且体现了级别越高、浮动奖金的比例越大的理念。引入"自由裁量奖金"的概念，并不是说奖金成了主管任意制定的一个数额，而是将员工和企业的关注点从"公式化奖金"转移到薪酬总额上来（见表1-3）。无论是奖金还是薪酬总额，都是人才价值的一种价格体现，前者（公式化奖金制）更注重用固定收入部分来体现人才的市场价值，后者（薪酬总额制）顾名思义更注重用总薪酬来体现人才的市场价值。

表1-3 第二稿薪酬方案

职级	底薪范围/元			任意奖金	薪酬总额市场参考/元	
	低	中	高		低	高
董事总经理	40000	60000	80000	较大的浮动收入	180000	1500000
总经理	35000	42500	50000		100000	300000
副总裁	30000	37500	45000		70000	150000
经理	20000	22500	25000		50000	70000
分析员	8000	10000	12000	较大的固定收入	11000	19000

注：数据做了脱敏处理。

简单概括就是：**奖金是个人业绩的函数，总薪酬是个人能力的函数**。这也就意味着在薪酬体系中，奖金的发放与个人的业绩直接相关，奖金的大小取决于个人在工作中所表现出的绩效和成就；而总薪酬（包括工资、奖金等）则更广泛地考虑了达成个人业绩的能力和价值贡献。虽然奖金主要取决于具体工作业绩，但总薪酬考虑的范围更广，包括了个人的能力水平、所承担的责任以及在工作中所展现出的各种技能和素质。换言之，奖金主要基于具体的业绩表现，而总薪酬则更全面地考虑了个人的能力和贡献。

如何把总薪酬的理念实战化？我们来看这样一个常见的场景。

某公司因业务发展需要"招兵买马"，分别从两个不同的竞争对手那里挖了两位副总裁。谈薪酬的时候，公司遇到一个棘手问题：甲的底薪是50万元，甲要求提升到60万元才愿意加入；乙的底薪已经是60万元，乙要求提升到72万元才能加入。两位都是副总裁级别，如果为了公平把底薪封顶在60万元，乙可能会拒绝加入该公司；如果把底薪封顶在70万元，虽然两个人都会加入，但是增加了公司的固定成本，并犯了薪酬管理大忌——期待管理原则，让甲对今后的底薪提升抱有不切实际的幻想（人是这样一种生物，当在某些方面获得了意想不到的好处后，会对获得同样的好处抱有不切实际的幻想），同时对乙也有一点不公，因为在信息不对称的情况下，甲占了便宜。以上这个场景非常常见，在很多情况下，公司都是按两难相遇取其一的方式来化解，而这种做法是不利于公司吸引和留住人才的。

但按照总薪酬的理念，以上场景所描述的问题应该有了解决的方法。

● 两位副总裁虽然都没有上任，但是通过面试来看，二者的资历相当，都来自不同的竞争对手，只是底薪不同。

● 为了吸引两人加入，新公司分别给予其底薪20%的提升（这个时候，如果公司是以固定收入决定一个人价值的，就会很纠结了，因为甲乙同级不同底薪了）。

● 由于两人都来自其他公司，对公司管理者来说，他们还没有经历公司的人才价值的发现过程，因此公司可以先根据他们各自的诉求支付不同的底薪让二位加入。

● 两人在新的公司工作一年后，经过一个360度绩效反馈（重点考核能力和结果）的考核过程，参照公司业绩、个人业绩和市场薪酬定位，管理层决定两人的总薪酬都为150万元（也就是说二者的人才价值是相等的）。

● 根据"总薪酬－底薪＝奖金"这一公式，双方的奖金分别为90万元和78万元。

这对于公司、管理者、两个新人来说都是一个相对公平的结果，至少这个结果是经过一年的价值发现过程得出的，底薪的暂时不公平通过总薪酬的理念比较圆满地解决了。乙如果稍微了解金融并知道现金的时间价值这一概念，会觉得自己反而比甲赚得多，因为他比甲提前多拿了12万（72万－60万）元，如果他用这笔提前多拿的钱进行适当的投资，他实际上比甲有更多的年收入。但是如果仅盯住奖金，乙是不会开心的。

实行总薪酬理念的另一个重要原因是，可以倒逼公司注重运营管理能力的提升。有些企业已经把这种管理能力称为O（operation）型管理。我们知道，企业获得现金有三种途径：融资、投资和运营。第一种途径可以被称为"输血"，第二种途径介于"输血"和"造血"之间，第三种则是企业的"造血"能力。常识告诉我们，第三种途径是企业生存的根本，靠输血生存一定是暂时的和不可持续的方式。

我们从总薪酬的理念得知，薪酬总盘是跟企业的业绩而不是跟个人的业绩直接挂钩的，这实际上就是强调了企业的"造血"能力。企业如果没有收入，就无法形成薪酬总盘，企业员工也就看不清楚自己努力的结果和未来。

在写作本书时，正好碰上全社会讨论为什么这几十年里中国A股的发展建设没有与GDP发展建设保持高度一致。从上面提到的投资、融资和运营的角度来看，这是因为尽管多数A股上市的企业是融资和投资的高手，但运营能力相对比较弱。经过多年的教育，A股投资人也越来越重视价值投资的理念，即投资企业的未来盈利能力而不是融资能力，这也能从另一个角度说明A股长期萎靡不振的原因。直到现在，我们国家才开始思考如何调整投资驱动型的GDP，而更加注重GDP增长的质量和结构。

因此，在我们看来，PMT思维模型也能帮助我们更好地理解知识运用的三种形式：知道做什么（know-what），知道如何做（know-how）和知道为什么做（know-why）。多数人会花费大量时间来学习如何做事（know-how），因为掌握这个层面的知识的直接效益和效用最高，这就是我们常说的"有一技之长"。但是，这件事为什么要这样做而不是那样做，我们通常不会过多思考。

学习一项技能时，首先从实际操作入手是理解和掌握它的有效路径。这是因为学习技能的目标之一是使学习者快速掌握实用技能，先掌握具体操作方法（how），然后深入了解背后的原理（why），这不失为一种正确的学习顺序。

前面提到的第一稿薪酬方案，就是基于我之前对薪酬的"know-how"完成的。知道如何做一件事非常重要，但是如果我们也能同时知道为什么这样做和知道做什么，就更全面了。我认为，"know-how"掌握得好的人一般都是职场非常需要的人，在职场上他们被称为专业人员（professional），他们靠出售"know-how"获得薪酬来维护自己在职场上的地位。但是专业人员要想在职场上获得跨越式的提升（"0—1"的提升）还必须清楚地知晓做每一件事的原因，即"know-why"，这样他们的职场人生才能更丰满,并得到升华。

  我认为好的企业领导者应该是一个不仅知道做什么(know-what),也清楚如何做(know-how)和为什么这么做(know-why)的三合一型人才,不仅有想法,也有办法,还了解采用这种办法的理由。"know-how"和"know-what"是知识层面的事情,"know-why"是智慧层面的事情,而理念属于智慧的范畴。

第二章

人力资源部是什么

现代企业对人力资源部的作用越来越认可，但对人力资源部的角色和定位却有着完全不同的理解。从我供职过的四个行业——教育、酒店服务、快消品和金融行业来看，每个行业对人力资源部的定位都不一样。有些企业的人力资源部以管理者为主，管理者大权在握，习惯对业务部门发号施令；而另一些企业的人力资源部则像业务部门一样思考和行动，为内部客户——员工提供专业服务。

不同的定位和角色决定了人力资源部工作导向和组织模式的不同，也影响着人力资源部对企业的价值输出。可到底哪一种定位和角色才是更正确的呢？

在没有很好地回答这些理念层面的问题前，思考再多技术层面的问题也都是徒劳。然而要回答这些问题，我们必须进一步追问：人力资源部到底是什么？指导它行动的宗旨和目标又是什么？

德鲁克曾说："我们必须从企业的宗旨入手来理解'企业是什么'。然而，企业的宗旨必须是存在于企业自身之外的。因为企业是社会的一个'器官'，所以企业的宗旨必须存在于社会之中。"与此相似，我们也必须从人力资源部的宗旨入手来理解"人力资源部是什么"。因为人力资源部是企业的一个"器官",人力资源部的宗旨必须存在于企业之中。人力资源部不仅仅是为了自身的运作而存在,而且是为了支持和服务于整个企业。因此,人力资源部的宗旨应该与企业的使命、目标和价值观相一致,帮助实现企业的战略目标,支持员工发展,促进组织的成长和成功。

人力资源部在企业管理中的地位已经越来越不可忽视,我们可以通过下面这张战略流程图(见图2-1),清晰地体会它的重要性,了解人力资源部战略是如何跟企业愿景相关联的。

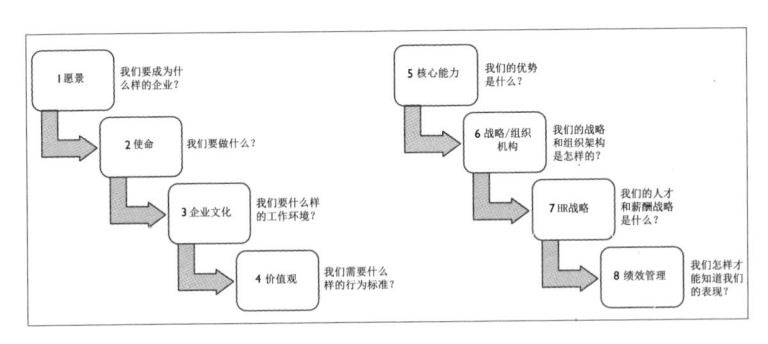

1 愿景	我们要成为什么样的企业?		5 核心能力	我们的优势是什么?
2 使命	我们要做什么?		6 战略/组织机构	我们的战略和组织架构是怎样的?
3 企业文化	我们要什么样的工作环境?		7 HR战略	我们的人才和薪酬战略是什么?
4 价值观	我们需要什么样的行为标准?		8 绩效管理	我们怎样才能知道我们的表现?

图2-1 如何将人力资源战略跟公司的愿景相结合

通过探索不同行业的企业与人力资源的关系,思考人力资源发展的几个重要阶段,我们就能从更宏观和哲学的视角找到问题的答案。这么说听起来好像很复杂,但事实上特别简单,我们可以从四个最基础的问题开始。

德鲁克式的提问方法

资料显示，20世纪80年代是华尔街投行进行理念大变革的时代，它们开始了一轮更新企业使命和部门理念的变革，并取得了相当显著的成效。当时它们是否对德鲁克进行了研究我们不得而知，但现在回头来看，它们所采用的管理理念其实就是德鲁克的方法论。

20世纪90年代初，我参加了一家华尔街投行的人力资源管理培训。在课上，教练提出了四个非常有冲击力的问题：

- 人力资源部的业务是什么？
- 人力资源部的顾客是谁？
- 人力资源部的产品是什么？
- 与人力资源部息息相关的合作伙伴都有谁？

如果你是人力资源部的一员，你会如何回答？

假设把人力资源部改成企业，答案马上清晰。这就是德鲁克经常提到的经典三问：

- 企业的使命是什么？
- 企业的客户是谁？
- 企业的产品是什么？

但在人力资源领域，能够问出这四个问题，说明提问者在理念层面上进行了深入的思考。为什么这么说？因为在我们的固有观念里，人力资源部从事的是行政事务方面的工作，是支持企业其他部门工作的，是一个没有业务宗旨的部门。

在场的人纷纷讨论起来，但他们很快意识到，这四个问题之间是有联系的，要回答第一个问题，必须先弄清楚第二个问题——"人力资源部的顾客是谁？"

有人说："人力资源部的顾客就是企业内部的所有员工。"听到这句话，很多人并不认同。因为长期以来，人力资源部都是企业的权力部门，而不是业务或服务部门。

反对者不同意"员工即顾客"的说法，他们反驳道："如果所有员工都是顾客的话，那么企业让员工辞职，员工不愿辞职，企业不是违反了顾客的要求吗？""如果员工（顾客）提出加薪，我们也要尽力满足员工的要求吗？"于是，支持者也开始犹豫了："的确，顾客是上帝，员工怎么能是顾客呢？"

当然，反对者还不能从抽象的角度去看待"顾客就是员工"这件事。如果把员工看作一个抽象的"组织"，而非某个具体的人，这个问题其实说得过去。人力资源部的本质任务就是确保员工这个"组织"健康成长、发展，进行新陈代谢。

再看第三个问题：人力资源部的产品是什么？

大家的第一反应还是：人力资源部能有什么产品呢？人力资源部不是生产产品的部门，拟定的都是规章制度。不过认真思考后，有人提出，人力资源部的典型产品就是企业的激励方案、福利政策、招聘和培训等。如果你不把它们当作产品，你就做不好这些东西；如果你把它们当作产品看待，员工（顾客）的满意，就是人力资源部的工作动力。

就这样，讨论变得越来越细致、越来越热烈。

到第四个问题时，在场的听众已经从认知上有所变化，再思考"与人力资源部息息相关的合作伙伴都有谁"时，答案就清晰了很多。

一家企业的合作伙伴大体分为五类：第一类是客户，第二类是股东，第三类是供应商，第四类是政府，第五类是社区。如果这家企业是金融企业，那还包括第六类合作伙伴，即监管机构。企业要想发展得好，前提是要把与这些合作伙伴的关系维系好，充分理解彼此的利益诉求和关注点。

而说到人力资源部的合作伙伴，想必大家都知道了：第一是我们的员工；第二是我们的管理层；第三是当地的与人力资源相关的政府机构；第四是咨询公司和我们所在的社区等。

再回去思考第一个问题：人力资源部的业务是什么？人力资源部同样是有业务的，它的主要业务就是吸收优秀人才、培养优秀人才和为企业留存优秀人才。

至此，四个问题都讨论完毕。

这次新旧认知的碰撞给大家带来的最大冲击是对人力资源部的定位。通过这次讨论，大家清晰地认识到，人力资源部应该定位为一个以内部客户为服务对象的业务部门。由于把人力资源部定位成服务内部客户的业务部门，行政部门的架子马上就放下来了，你的业务必须满足内部顾客群体的需求。

这是我在20世纪90年代亲身经历的事情。这次思想大碰撞让我们作为人力资源从业者，重新梳理了理念层面的问题，了解到最先进的人力资源管理理念，进而把自己定位为服务部门，而不是简单的行政指令部门，更不是权力部门。

可这种理念层面的东西能否被所有企业毫无保留地接受呢？答案是否定的。

为何人力资源部不愿被定位为服务部门

在实践中，人力资源部并不甘愿将自身定位为服务部门，也不愿意将内部员工及外部合作者看作它的客户，更谈不上将人力资源管理当作战略管理来看待。

人力资源部作为权力部门这种情况在企业中司空见惯。它有"生杀予夺"的大权，掌控企业的人力资源命脉。我经历过一个极端的例子：某朋友所在的企业，其人力资源部对人力资源的控制权大过企业CEO，什么样的人该留，什么样的人该走，什么样的人该升职加薪，什么样的人该降职降薪，不是由用人部门和企业CEO决定，而是由人力资源部决定。这种逐权异化现象，虽然只是个极端案例，但能很好地说明该企业人力资源部的异化问题。

一项来自人力资源服务机构翰威特的针对亚太区企业领导者的研究结果显示，企业的CEO和业务负责人对人力资源部门的认识非常粗浅："一位被访者宣称，人力资源部不仅不理解业务，反而将之从工作重点中转移出去。人力资源部过度拘泥于流程和案头工作。它们有太多表格，太多细枝末节，这不仅影响了人力资源的管理效率，而且还导致业务部门在此过程中浪费了太多时间，使得我们无法进行应该进行的工作，结果必然危害到业务。"

由人力资源管理协会进行的一项调查表明，只有34%的受访高级主管将人力资源部视为"战略伙伴"。由英国人事发展特许协会开展的一项类似研究发现，56%的人力资源专业人士希望成为"战略伙伴"，而真正扮演这一角色的只有33%。对许多企业而言，人力资源部如何从从属地位向战略地位转移仍是一个亟待解决的问题。认知的滞后让很多企业将人力资源部看作权力部门。权力本身就有影响力，在权力面前，很多人会屈服，很多人会依附。企业中谁掌握着权力，谁就具有管理权和专家权等。

这个现象很值得我们深思：为什么理念层面的东西无法被所有企业接受？为什么人力资源部无法很好地进行自身定位，将自己当作业务部门和服务部门来看待？这可以用哲学的异化概念来解释。

如何理解异化？

我们可以把它简单定义为：主体发展到了一定阶段，产生了子体，而子体却反过来控制了主体。

整个人类社会就是一个异化派生的过程。父母生下孩子，理论上，孩子是父母的产物，但是异化现象很快发生，父母要花大量时间去照顾孩子、抚育孩子，所有精力和时间都被孩子占用了，这就是一个异化的过程。

马克思对异化的理解是，事物在发展变化中逐步走向对自身的否定和扬弃。马克思认为,异化有两个显著的特征:第一,异化是事物矛盾运动的必然结果;第二,异化必然走向异化的异化,即否定之否定。

在哲学领域中,异化概念最早来自黑格尔。黑格尔认为理念是世界的本源,自然界是理念的派生物。理念在逻辑阶段是纯粹且抽象的。因此,理念为了实现理念,自己就必定要扬弃自身的抽象性而异化为自己的对立面——自然界,即从抽象到具体,逐渐实现自己的目的。

与黑格尔的异化过程"绝对精神—自然界—主观精神"相对应,企业和企业的重要"器官"——人力资源部也必将遵循"起源—异化—回归"三个重要的发展阶段。

同时,企业和人力资源部的主要异化方向可以分成下面两大类型。

(1)向逐权(力)的方向发生异化,进而走向起源的逆反面。比如,在公司中,原本为了有效管理而设立的HR部门可能逐渐发生异化,变得控制权过大而失去了原有设立的目的。

(2)向求存(追求永恒)的方向发生异化,进而决定了内部成员的新陈代谢。这里的内部成员指的是理念的具体实现形式,如社会制度、道德观念、科学知识等。理念的异化,即从抽象到具体的发展过程,决定了内部成员的变化和更新。理念逐渐深入和逼近真理,内部成员也会随之变化,并在新的历史条件下进行不断适应和调整。

接下来，我们共同来探讨企业和人力资源部如何在不同方向上异化发展，并且在此过程中两者之间又存在着怎样的关系。通过对比这些异化发展过程，我们就能深入理解人力资源部未来的发展方向。

逐利异化的企业

探索企业的起源，我们会问的首要问题是：最初为何会出现企业这种组织形式？

诺贝尔经济学奖获得者罗纳德·科斯（Ronald Coase）在1937年提出的交易成本理论，从公司的主观层面回答了这一问题。他认为，公司的存在是为了节约市场交易费用。科斯指出，当市场交易成本高于公司内部的管理成本时，公司便诞生了。

德鲁克则更进一步从客观上指出了公司存在的理由：创造顾客。没有顾客需求，市场就不复存在，企业也自然没有存在的理由。例如，医药公司的存在是因为人们需要健康，人们生病后需要药品来解决自己的健康问题；而食品饮料公司的存在是因为人们需要吃喝来满足自己生存下去的生理需求。没有一家公司不是因为人们的需求而诞生的。

但资本的逐利性让这一切发生了某种程度的变化，一些企业开始违背它们创建时的初衷，这时候异化发生了。

一个经典的案例发生在20世纪70年代。当时，美国普强公司生产的新药帕纳巴十分畅销，但食品药品监督管理部门发现，这种药的副作用能致人死亡。普强公司的特别董事会在讨论之后，居然做出了"继续销售药品"的决定，并且他们还在法庭上为自己辩护。而这一切仅仅是因为药品撤市时间每拖延一个月，公司就能多挣100万美元。该事件被披露后，整个美国为之震惊。

宾夕法尼亚大学沃顿商学院的教授阿姆斯特朗专门设计了一个角色扮演的实验，来研究为什么会发生这种情况。当他询问那些没被卷入该事件的人，告诉他们发生了什么，问他们会怎么做时，97%的人表示会将药品撤出市场。但可怕的是，当参与者转而扮演起普强公司董事会成员后，同样的问题却得到了完全相反的答案——没有人愿意将药品撤出市场。

普强实验在十多个国家重复进行了近百次，结果大同小异。每一组扮演董事会成员的人都认为这体现了公司的本分，即确保股东利益的最大化。

这是不是很荒诞？以满足顾客健康需求为存在理由的公司，最终为了自身利益竟然继续销售有损顾客健康的产品。

以上这些逐利的企业，都向我们展示了企业发生异化的一种普遍的形态。那么，人力资源部又是如何发生逐利异化的呢？

逐权异化的人力资源部

我们用探索公司起源的同样方式来提问：人力资源部是如何

产生的？这是一个很值得思考的问题。

人力资源部的产生是与企业的产生、发展联系在一起的。通俗地讲，首先创始人有一个想法，继而资本进入，投资了这个想法，企业就成立了。随着经营活动的开展，企业产生了更多新的想法（产品），接着投入更多人力和资本以壮大企业。在"点子—公司—融资—产品"的反复循环过程中，企业不断成长，如图2-2所示。

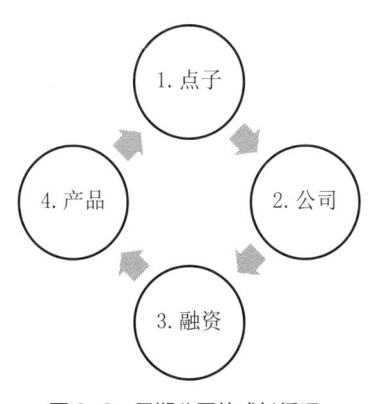

图 2-2　早期公司的成长循环

一般来讲，一个创业者创立一家企业，首先必须把点子转化为产品，然后必须有客户，这两项都有了以后，就会产生企业收入。这个时候，他需要扩大规模，增加人手。在企业初创期，创始人往往自己组织产品开发、产品销售、招聘等活动。

随着企业的发展，创始人开始招兵买马，扩大规模，把一些非核心业务如财务、行政、人力资源等企业经营辅助价值链环节的活动分离出来，成立专门的部门来承担这些职能，如图2-3所示。

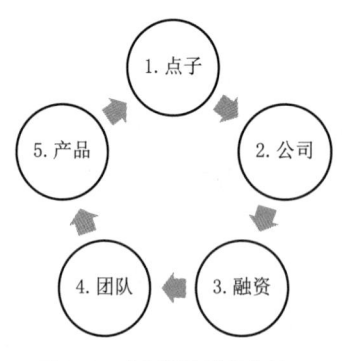

```
        1. 点子
   5. 产品      2. 公司
      4. 团队  3. 融资
```

图 2-3　公司扩张阶段的循环

对于招聘业务，创始人通过内部安排外包给了人力资源部的负责人。因此我们看到，人力资源部是企业业务发展的一个派生物。随着人力资源部逐步深入参与招聘人员、制定薪资、贯彻考核、人员晋升和辞退等这类附加功能，人力资源部对派生体的异化也开始出现了。

发展到成熟期，企业开始审视内外资源在价值创造方面的成本和贡献，不仅进行权力的内部分配，也开始寻求外部资源的参与，把一些低附加值的职责委托外部机构来执行。

我们把前者称为业务内包（insourcing），把后者称为业务外包（outsourcing）。人力资源部就是企业商业活动内部分工的结果，而企业权力内外分配的过程，也是人力资源部职能的发展演变过程，凝结着人力资源部对自身角色及如何为企业创造更大价值的思考。

总体来看，人力资源部一定是派生出来的部门。它最早的职能不是权力职能，而是服务职能。随着企业的发展，在企业职能分化中产生的人力资源部，必然肩负着维系企业永存的使命。这种承担，在不同发展阶段、不同类型的企业中，有着不同的释义，由此出现了人力资源部职能的异化。

人力资源部的招聘等职能原本来自企业招聘权力的内包活动，但人力资源部承担了这些责任，并通过承担这部分责任、掌握这些权力后，变得比较"强势"，又反过来管理、控制和制约了"内部发包人"（业务部门），进而影响了企业发展的永恒性。

人力资源部职能的逐权异化是企业管理理念、管理水平的局限性所致。

从职能上来看，人力资源部最初的职能就是服务型的，即为企业创始人分担一部分与人相关的职能工作。

企业在经济活动中需要各种生产要素，这些要素包括资本、时间、劳动力、土地、管理、技术、信息和数据。其中，人力资源渗透到了企业的方方面面。德鲁克在《公司的概念》中就曾提出："公司的本质和目标不在于它的经济业绩，也不在于它形式上的准则，而在于人和人之间的关系，包括公司成员之间的关系和公司与公司外部公民之间的关系。"

如何构建公司员工之间的关系，如何连接公司与公司外部公民之间的关系，这些都是人力资源部的工作内容。并且，随着人力资源部在招聘、确定工资和奖金额度、决定晋升和降职，以及考核绩效等职能方面的不断完善，其附加功能越来越多，异化现象的出现也就不可避免了。

长期处于如此重要的位置，人力资源部的异化方向之一就是逐权。

它的利益是什么？

利益就是企业中的权力。作为企业内部的一个独立部门，人力资源部有自己的成本核算机制。企业内部的资源总额永远是有限的。通过与业务部门的博弈获得更多资源，支付更少的成本，就成为人力资源部在逐权异化过程中所追求的目标。

比如在有的企业里，人力资源强势到CEO想要给一个人升职，但只要人力资源部不同意，这个人就无法升职。这种状况之所以会发生，是因为人力资源部对自身定位的改变。它不再认为自己是为业务提供服务的组织，不再认为自己和业务部门是一个统一整体，而是走到了业务部门的对立面。人力资源部由于掌握了人力资源分配的决定权而变成了一个权力机构。

正如企业逐利异化会对社会和顾客造成巨大伤害一样，人力资源部的逐权异化也会对企业造成巨大伤害。

其伤害主要体现在两个方面：（1）企业内部资源的浪费与耗散；（2）企业内部沟通协作成本的攀升。

例如，当员工意识到人力资源部是权力机构时，寻租的空间就诞生了。某些员工可能会花费时间和精力向人力资源部的相关人员示好，在某些本该人力资源部执行的基本流程上支付不必要的成本。这样的事情一多，就会造成企业内部资源的耗散。又比如前面提到的情况，业务部门吸纳人才一定是出于某种对外竞争的需要，这时如果遭遇人力资源部的阻挠，耽误了机遇窗口释放的时间，最终遭受损失的必将是企业这个主体。

所以，无论企业还是人力资源部，逐利异化和逐权异化的性质都是不可取和恶劣的。

求存异化的企业

前面我们提到，除了逐权异化外，异化还有另一种表现形态：向求存的方向发生异化。

研究公司演变历史的文献都会涉及一个观点：公司永恒说。这个术语乍一看可能有点令人困惑。公司不是会倒闭或被解散吗？此时它们在法律上已不再存在。其实"公司永恒"的基本观点是：公司是一个生命体，从公司注册那天起，就像一个襁褓中的婴儿那样强烈地追求成长和永生。如同婴儿在成长过程中让他们的父母无私地贡献自己的时间、精力、爱和个人自由（一种异化现象），企业在成长过程中也异化了它的创始人，以获得自身的更大发展。企业创始人被投资人或董事会在企业发展的某个阶段逐出董事会的案例屡见不鲜，就是创始人被自己的企业异化的案例。美国著名基金管理人彼得·林奇（Peter Lynch）在传授投资经验时，会花费大量的篇幅讨论公司和企业家对人类社会发展的作用，对公司和企业家赞赏有加，对能生活在这样一个充满伟大的企业家和公司的世界里表露出幸福之感。言下之意就是，如果没有这些伟大的企业家和公司，投资活动也就无从谈起。

在20世纪90年代中期接触投行的时候，我翻阅过一本叫《私募股权投资》(Private Equity)的书。这本书详细介绍了私募股权行业的所有重要问题，广泛涵盖了私募股权业那几年的发展，对行业发展的现状做出了有现实意义的分析和评估。

当时，私募股权投资在国内还没有被普遍认知。这本书很厚，但是里面有一句话令我至今仍印象深刻："企业是永恒的。"(Company is perpetual.)

这句话该怎么理解，它又意味着什么？

还是举个例子。比如我们熟知的IBM（国际商业机器公司），它最早不是卖解决方案也不是卖电脑的，而是卖制表机的，其最初的创立者叫赫尔曼·霍尔瑞斯（Herman Hollerith），而公司的名字叫作"制表机公司"（TMC），专门向美国和外国政府出售制表机。那时制表机还没有真正商用，其价格极昂贵并且需要不断维护保养。霍尔瑞斯在专利到期后面临着新的竞争，最后由于失去了美国政府这个大客户，他心灰意冷地卖掉了公司。于是，TMC于1911年与另两家公司合并成了制表记录公司（简称CTR）。

故事还没有结束。到了1924年，托马斯·沃森（Thomas Watson）带领CTR占据了美国制表机市场85%的份额。为了拓展海外市场，他将公司更名为IBM。之后，IBM从提供商用电脑开始，发展到提供个人电脑，整体解决方案，咨询、技术和商业服务，如云计算、数据分析和人工智能（AI），在商业领域稳扎稳打，走到了今天，从硬件公司转变成为软件公司。

我们清楚地看到，即使它换了名字、换了无数的领导者，它还是它。创始人、员工都不能永恒，但企业，是有可能永恒的。霍尔瑞斯在最初创建企业时无法预料到这个企业能存续那么长时间，他当时的意志和意愿都达不到这样的程度，但企业在脱离了创始人的最初意愿后，仍旧能够自我成长。这也是一种异化，和最初意愿不符的东西发展成了具有生命力的组织。我们把这种现象称为求存异化。

另一个例子是摩根大通，它在200年前是卖地下铺水管道的，可就这么铺着铺着，通过囤积管道再从银行贷款抵押的方式，它发展到了银行界并存续至今。

正因为企业自身具有生命力，企业有可能永恒，所以才有了股权投资。股权投资者相信企业是永恒的，所以才会做出投资的行为。然而，与此相对应的，我们也看到企业的创始人、管理者并不是永恒的。如果创始人或管理者跟不上企业发展的步伐，他们就会被企业所淘汰，甚至驱逐。这是企业求存异化的一种经典表现形式。乔布斯当初离开苹果也是其中的一个经典案例。

国内发生求存异化的企业代表是智联招聘。它的创始人早换了两批，都是资本驱逐的结果。第一批创始人之一是笔者的同事，但他最后被第一个投资人所驱逐，而后来第一个投资人又被第二个投资人所驱逐。不过发生了这么多事以后，这个企业还在。

中国俗语有云"铁打的营盘流水的兵"，讲的也是企业求存异化的这一特性。

异化回归：卓有成效地为员工服务

人力资源部职能异化回归，是现代企业发展的必然需要。企业产生的目的不是解决就业，而是要为客户创造价值，给投资人带来回报，解决就业和给员工带来价值是果而不是因，企业是要永恒的。那么，人力资源部对于企业永恒的价值何在？前文讲到，我们应该用业务部门的思维视角来审视人力资源部的业务是什么，产品是什么，客户是谁。

答案就是：

人力资源部的业务是吸引、培养和保留企业所需的人才。

人力资源部的产品是招聘、薪酬福利、培训、员工关系、企业文化的倡导者等。

人力资源部的客户是企业所有员工。

人力资源部职能异化的回归，就是要以企业永恒为己任，经营好人力资源部的业务及其产品，更卓有成效地为"客户"服务。

从这里我们可以发现，人力资源管理其实是一个整体，而不是被割裂的部门，也不是被割裂的权力，在企业的发展过程中起到持续提供人才的作用，其业务重心从招聘人转向吸引人才，从使用人转向激励人，从培训人转向开发人和保留人才。

卓越的企业家很早就意识到了这一点。2003年，腾讯公司的员工人数开始增多，人力资源部在这个时候正式独立出来，虽然当时人力资源部只有七八名员工，业务也相对简单，但腾讯的人力资源部坚持的理念是"员工是企业第一财富"。

2005年,当腾讯员工人数突破2000人时,人力资源部的业务重心变成了公司如何在快速增长中保持原有的企业文化,并就此提出:"关心员工成长,强化执行能力,追求高效和谐,平衡激励约束。"随后,随着员工人数越来越多,腾讯的人力资源部开始注重人才的培养,到如今,腾讯公司的员工达到上万人,人力资源部也从最初的行政部门发展成为管理组织结构的部门,注重"客户"价值导向。

腾讯公司倡导的是人力资源管理人员要有客户和产品导向的思维模式,像产品经理一样,去满足各个业务单元和员工的需求,成为人才保障者。

如此看来,人才对每一个企业来说,都是至关重要的资源,核心竞争力最终仍归于人才。说到核心竞争力,人是一个关键因素。但是,企业如何让它的人成为核心竞争力,企业的高管在这个方面要付出很多努力。

华尔街的投行一直以来都很重视外部客户,但也同样重视内部客户,即员工。客户分两种:外部客户是"给我们开工资的人",内部客户是我们给开工资的人。在人才驱动型的专业公司如投行、律师事务所和咨询公司都认同的一种文化是:我们给开工资的人远比给我们开工资的人重要。因为只有把我们给开工资的员工激励到位了,他才会把给我们开工资的客户服务好。

第三章

把人力资源当作人力资本

成功企业在人力方面最大的贡献是给人注入了资本的属性，使其从人力资源上升到人力资本，这是成功企业在人力资源管理理念方面的一大创新。早期，这方面的先行者集中在美国的华尔街。最近20年，硅谷有人力资源资本化的后发优势，以优秀吸引优秀而聚集和因聚集而逐利的资本属性越发明显，开始吸引越来越多的全球各地的人才。

如果一定要探究人力资本这个概念的起源，最早可以追溯到亚当·斯密的理念。严格来说，亚当·斯密虽然没有直接使用"人力资本"这四个字，但是最早提出了类似我们今天定义的"人力资本"这个概念。他认为，全体居民或社会成员所获得的有用才能是固定资本的一个组成部分，要获得这种才能，必须支出一笔实在的费用，供获得才能的人在接受教育、实习或学习期间维持生活，而这笔费用就是固定和物化在其身上的资本。同时，这种才能是其资产的一部分，也是其所在的那个社会的财产的一部分。

人力资本概念的真正提出者是诺贝尔经济学奖得主、美国经济学家西奥多·舒尔茨（Theodore Schultz）和盖里·贝克尔（Gary Becker）。他们在20世纪的著作中首次明确提出了人力资本理论。西奥多·舒尔茨是农业经济学家，因其对农业经济学的贡献于

1979年获得诺贝尔经济学奖。他提出了"人力资本"的概念，强调了教育和培训对个人生产力和经济增长的重要性。他认为，人力资本是个人通过教育、培训和健康等投资所拥有的技能、知识和能力，这些投资可以增强个人的劳动生产力，提高其在劳动市场上的价值。

盖里·贝克尔是另一位诺贝尔经济学奖得主，他在人力资本理论的发展中也扮演了关键角色。他扩展了人力资本的概念，将其应用到更广泛的领域，包括家庭、健康和犯罪等。他强调，个人会对其人力资本进行投资决策，这些投资不仅仅包括教育和培训，还包括其他方面，如保持健康、获取技能和知识等。他的贡献拓展了人力资本的范畴，将其应用到了更多社会和经济领域。

总的来说，他们都强调了个人教育、技能和健康等方面的投资对于提高个人生产力、促进经济增长以及塑造社会发展的重要性。他们的工作对于理解人力资本在现代经济中的作用产生了深远的影响。

不过，当时的人力资本理念没有得到普遍的认同，其原因在于人力资本不可量化，这违反了西方经济学中资本可以量化的定义。

但是随后，人力资本成为促进国民经济发展的核心因素之一，这不得不让我们反思人力资本的巨大作用。

经济学对人力资本的定义是：天然归属于个人的，包括健康、容貌、体力、干劲、技能、知识、才能和其他一切有经济含义的精神能量。

人类生产有七大资源，包括厂房、机器、设备、原材料、土地、货币和其他有价证券等，但这些都属于物质资本范畴。而人力资本则涵盖了教育、技能、经验、健康、社会关系、动机和情绪稳定等方面，这些要素共同决定了个体在经济和社会活动中的生产力和价值。

与早期经济学家对人力资本的理解相类似，人力资本被认为是巨大能量及可量化的价值创造潜力融为一体的要素。认清了这个现实，我们立刻就能理解早期成功的企业将人力资源上升到人力资本的原因了。

"人力"加了"资本"二字为什么就升值了？

人力资源被赋予资本属性后称为"人力资本"，"资本"这两个字一下子就把人力资源的重要性提升了档次。具有金融资本属性的人力资本除了神似金融资本的流动性和趋优性等典型特点外，也具有"劣币驱逐良币"的特点。

什么是劣币驱逐良币？似懂非懂的人不会少。我们打个比方：如果你有1000元假币和1000元真币，在市场监管不到位的情况下，你会先使用哪些货币？答案一定是假币，其结果就是假币泛滥。如果你觉得假币的比喻不恰当，那我们再打个比方：你有1000卢布和1000美元，你会先用哪种货币？答案一定是卢布，因为在你心中美元要比卢布保值，长远来讲美元更值钱。以此类推，如果你有1000美元和等值的黄金，你会先用哪种？答案一定是美元。在货币流通领域，人们都会首先使用"不良"货币，保留"优良"货币，所以市场上就出现了"劣币驱逐良币"的现象。

人力资本亦然，一家企业人员的优秀率低，并不会因此产生物以稀为贵的效果而吸引优质人才的加入，反而会将优秀人才排斥出局。不少企业管理者不了解人力资本流动的这一特点，为了吸引优秀人才也是拼了，他们会采用大量招聘新人的策略，希望通过3～6个月的时间完成优胜劣汰，结果往往事与愿违。这是因为，在你优胜劣汰的过程中，企业已经完成了"劣才驱逐良才"的过程。

金融资本有时被比喻成水，就是强调它的流动性特点，资本不流动就失去了钱生钱的能力。资本流动的规律就是趋优性和扎堆性，哪里资本多就流向哪里，而不是按照物以稀为贵的经济学规律来流动；人力资本也只有在流动中才能增值，流向回报高的地区和企业；全球人才从华尔街向硅谷的流动，到全国人才向北上广深的流动，都是人力资本趋优性的折射。

让最优秀的人共事

赋予人力资源以资本属性，说明人是逐利的，也是流动的。人的价值要在逐利和流动方面得到升值。此外，人还有一个与资本不太一样的特征，那就是人可以获得知识并实现自我。而人力资本令人满意的前提是，拥有与人才自身相匹配的能力，或者与比自己能力强的人在一起。

资本总是向市场回报最高的地方流动，我们称其为"聪明钱"（smart money）。人力资本和金融资本一样，也具有趋优性，我们把其称为"聪明人"（smart people）。人力资本的趋优性表现在两个方面：一是流向回报高的公司，二是流向人才聚集的地方，如图3-1（b）中的第一象限。北上广深杭等地是人才密集之地，这也是这些城市能够吸引全国优秀人才的原因之一。如图3-1所示。

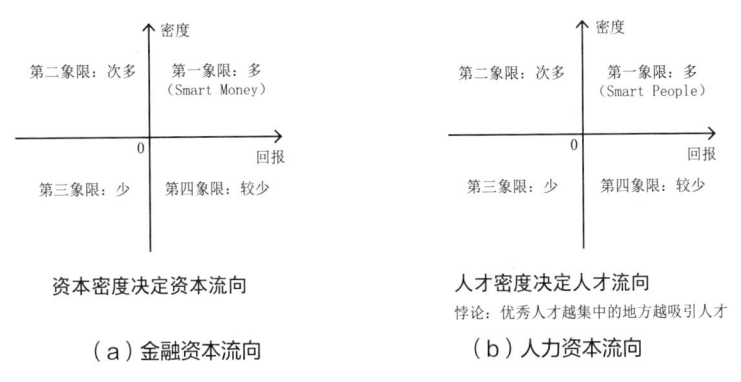

↑密度 第二象限：次多 | 第一象限：多 | （Smart Money） ―――――0―――――→回报 第三象限：少 | 第四象限：较少 **资本密度决定资本流向** （a）金融资本流向	↑密度 第二象限：次多 | 第一象限：多 | （Smart People） ―――――0―――――→回报 第三象限：少 | 第四象限：较少 **人才密度决定人才流向** 悖论：优秀人才越集中的地方越吸引人才 （b）人力资本流向

图3-1 金融资本与人力资本流动类比

好的企业一定是把人力资源当作资本来使用的，会给予人才非常丰厚的回报。例如，优秀和头部企业高度认可人才的价值，往往会根据其价值支付相当高的价格，遵循"以人定薪"的人力资源管理原则，而不是"以岗定薪"的人力资源管理原则（当然要兼顾企业所属行业的特点，一般来讲：人才驱动型的行业更倾向于采用以人定薪的原则,而资本或劳动密集型的行业则更倾向于以岗定薪的原则)。只要人才足够优秀,薪酬就不会成为阻碍这些企业招聘这些人才的因素。有时候,企业支付的薪酬甚至会远远超出应聘者的期望。这样的高回报公司行为,牵引着优质人力资本的流向,形成马太效应。

投行中,有句话流传很广:"如果你想成为最优秀的人,就和最优秀的人共事吧。"投行本身精英云集,自然吸引着无数优秀人才向往,因此成为优质人力资本高度集中的典型行业。

招聘、保留最优秀的人才,并保持人才团队的优秀性,方可形成吸引人才的良性循环,从而保证投行招聘战略的有效实施。

正是由于人力资本趋优性和流动性的这两个特性,企业才能持续地吸引、保留和发展优秀的人才。尤其在人力资本化以后,趋优的流动性是一个很明显的特征。

有一个发生在华尔街和硅谷之间非常有意思的故事。

1996—2000年,互联网行业经历了指数级的爆发式发展。在硅谷工作人才的收入和潜在的股权回报,已经开始对华尔街人才的收入构成了挑战,人力资本的逐利特性导致人才开始向硅谷聚集。

1998—1999年,我当时所在的投行企业在吸引优秀人才方面已经竞争不过硅谷的一些初创企业了。人们都愿意加入名称有".com"后缀的企业。一个极端案例是:投行在硅谷现场举办招聘会,精心准备自助餐,提供各种优待,虽然有200人报名参加招聘会,但实际到场者寥寥无几。这在华尔街的招聘史上是不曾有过的。

为什么会出现这样的现象呢？后来的研究发现，硅谷给人才配以股权，而华尔街是用丰厚的现金激励人才，因为硅谷的企业大多处于创业初期，没有充沛的现金，所以以股份作为筹码。了解股权与奖金区别的人都知道，前者的增长是以倍数来衡量的，后者的增长是以百分比来衡量的。精英们知道这些股权在未来几年内就有翻倍的可能性，于是纷纷涌入硅谷。

投行也不甘示弱，于是华尔街与硅谷展开了人才之争。

我还记得那时我所在企业的薪酬方案迅速做了调整，把员工的工资分为三个部分：第一部分是底薪；第二部分是奖金；第三部分是拿出奖金的一部分，成立基金，投资入股到".com"公司（见图3-2），让员工也能分享到硅谷初创公司高速发展的成果（这在当时是一个非常好的主意）。

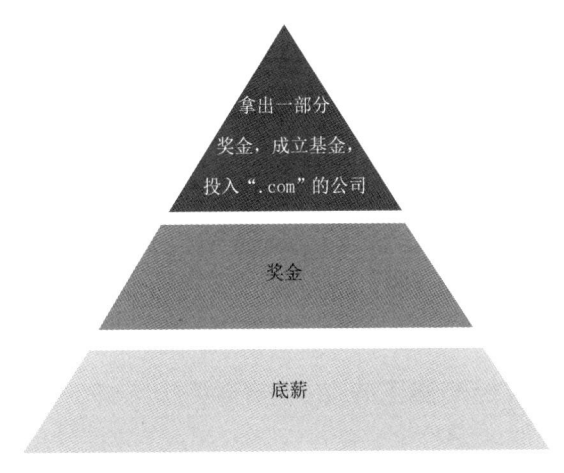

图3-2 员工的工资组成

这样一来，员工既有现金流，又有股权，缓解了华尔街人才流失的趋势。这就是当时的情况。回顾这20年的发展，硅谷在吸引优秀人才方面已经与华尔街难分伯仲了。

通过这个故事，我们发现，人作为人力资本，具有极强的流动性和逐利性。企业想要吸引并留住人才，让人才与企业共同发展，就必须正视人力资本的这两个特性，实施有吸引力的激励措施来留住人才。

此外，人力资本是以人为载体的资本，本身具有实现自我价值的主动性和积极性，有非常强的动机去实现自己所拥有的人力资本的价值，这与平均主义时代完全不同。优秀企业在进行招聘、定岗定级、激励等方面的设定时，充分考虑了人力资本自发的工作热情这一点。比如，股权激励保证人力资本在自我价值实现的过程中能够获得资本价值的回报，同时使人力资本与公司形成利益共同体，促进公司的发展。

把人力资源上升到人力资本，是一个很正确的理念。有些企业如高盛集团，就把人力资源部改称"人力资本部"，这表明这些企业已经认识到，获得优秀的人力资本不单纯是成本支出，还是一种投资。这是理念上的一大进步。

找到企业收益与员工收益的最佳平衡点

将人力资源看作人力资本，这就让企业不得不认识到：传统的雇佣关系未必适合人力资本的属性，只有企业的收益与员工的收益达到平衡，才是促进企业可持续发展的动力。

人力资源管理解决的是人与组织之间的关系问题：如果关系融洽，企业与个人融为一体，那么个人的价值创造就能带动企业的发展，企业收益又能反哺个人；如果关系破裂，企业这个组织体就如同一台机器，拼命运转，其代价无疑是零件的过度使用与劳损，从而影响机器的寿命，一旦机器僵化，零件失去效力，机器就很难高速运转了。反之亦然，企业发展好了，个人也是必然的受益方。

如果企业认清了这个现实，那么人力资源需要解决的问题，实际上就是如何找到企业收益与员工收益之间的最佳平衡点。这是因为：如果收益的天平过多地偏向企业，员工的积极性就会受到影响，导致流失率提高；反之，如果收益的天平过多地偏向员工，企业就会因为资本积蓄的逐步削弱而丧失发展的动力，反而使员工的可持续收益受到影响。

我们来看一个案例。2017年，互联网上出现了一条关于华为的备受争议的消息。根据爆料，华为中国区开始集中清退34岁以上的交付工程维护人员，而在研发方面则开始集中清退40岁以上的老员工，尤其是程序员。

一时间"华为35岁以上员工被清退"的说法越演越烈。而后，华为官方口径称这是谣言，但同时又不断有华为员工曝出，能感受到华为人力资源管理方面的压力，35岁的年龄线猛然触碰到了人们的某根敏感神经，华为裁员传闻引起了不小的动静。

我看到这则新闻的时候,已经有不少人在激烈讨论。有人认为,华为的"狼性文化"与人性之间存在隔阂;有人对华为的奋斗者文化颇有质疑;还有人称,任正非先生曾清清楚楚地告诉过大家"华为不是家,与员工是雇佣关系",给三个人的钱请两个人,是为了干五个人的活儿,当你的产出不能匹配你的薪水,那就必须被淘汰。

实际上,在我看来,华为这种做法就是在平衡企业收益与员工收益的天平。华为非常清楚这一决定所带来的舆论影响和其他后果,但华为也需要考虑企业的可持续发展。

华为没有上市,没有基于上市公司的限制性股权激励,但有很好的内部股权分红方案,就是虚拟股权。虚拟股权的优势在于提升员工收益,不过,采用虚拟股权有一个重要前提——必须是现金流很好的公司才行。

可以说,虚拟股权帮助华为在早期形成了奋斗者文化,并为后来的巨大成功奠定了基础。如今,华为需要考虑的是企业的发展能不能继续支撑天平向员工收益方向的倾斜,如果华为再继续偏向员工收益,那么,它对未来的投入就不得不受影响,而未来才是决定企业可持续发展的核心因素。

华为的组织机构轮值CEO制度中,有三个轮值CEO,分属三个委员会——财经委员会、战略委员会、人力资源委员会,每半年轮值一次。华为每一次战略的实施与变化,都需要财务预算与人力资源的调配。财务预算是量化的商业模型,看的是未来(很多企业把财务预算等同于财务统计,这又是理念上的偏差);人力资源是人力的调配，决定商业模式的质变过程，人力一方面调整未来的个人与组织关系，另一方面又用个人与组织过去的互动决定未来。

企业收益与人力收益之间的关系，如图3-3所示：图的左上代表企业收益与员工收益正好处于平衡状态；图的右上表示收益全面偏向员工；图的左下表示收益全面偏向企业；图的右下表示企业收益与员工收益不是平衡关系，而是均衡的状态。

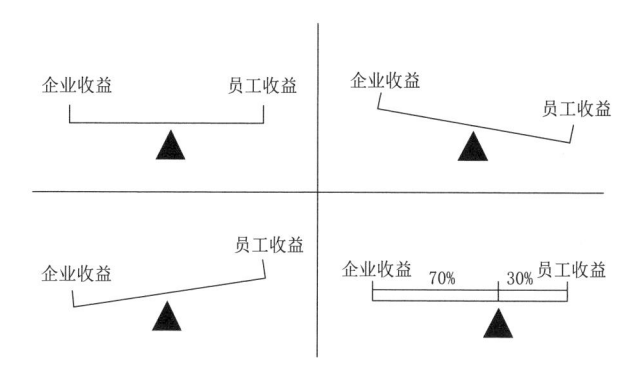

图 3-3　企业与员工之间的收益关系

先思考一下，如果你是股东或者管理层，会选择哪一种模型？

实际上，你选择哪种模型就决定着企业是否能够吸引人、留住人，是否能够吸引优秀人才。

做人力资源管理，始终离不开在理念层面上对这个天平进行的理解和选择。

第一种关系，即企业收益与员工收益是平均分配的。这样的关系看似合理，但实际上是危险的。这种平均分配的本质是企业把创业周期、产品周期、行业区别、员工贡献力等所有方面都摒弃在外了，不考虑这些因素的做法，其后果非常严重。

第二种关系，即企业收益多于员工收益。我们在劳动密集型的行业经常能够看到，企业的发展已经不需要员工太多的创造力，反而变成了标准化的发展动作。在这样的行业里，企业把更多的收益分配给自身，通常分配给设备更新、技术升级、生产资料等方面。

第三种关系，即企业将发展中所创造的价值都偏向了员工，这是处于初创期的企业普遍采取的人力资源关系。因为企业在发展初期，需要强大的势能和极快的发展速度，而这一目标的实现靠的是激发员工的创造力。员工创造出来的价值多，企业自然就将更多的价值分配给员工。

第四种关系，即企业与员工之间的收益分配不是平衡的，而是一种均衡的状态。我们认为，根据企业所处的不同行业，企业将收入的15%～35%分配给员工是一种相对比较均衡的状态，不过，这里的15%～35%所包含的要素非常多（将在第五章详细讨论）。

如此看来，人力资源管理就是探索如何根据自己企业所处的行业和发展阶段，找到员工、企业和股东利益分配的最佳平衡点。无论什么样的企业，做人力资源时都要先研究自己的企业应该属于这个天平中的哪一种。在以顶尖人才为基础的金融业、咨询业和近几年发展迅速的高科技行业中，第四种均衡关系使用得比较普遍。在这些行业里，人员的流动性相对比较高，这是因为员工的价值增长普遍快于价格的增长。除非是非常优秀的核心人员，否则企业不会刻意留人，因为这样会破坏企业与员工的利益分配平衡。如果企业掌握好了这种利益分配的均衡，就不会刻意通过薪酬来留人，反而会通过提高非自愿性裁员率，来吸引和保留核心人员。

因此，通过这四种天平衡量一下企业，我们就知道它在人力资源方面出现了什么样的问题。不同行业、不同领域的天平都不一样，优秀的公司很好地把握了这种均衡，而犯错的公司往往是因为用了很多复杂的方式却忽视了这个均衡的作用。

值得一提的是，平衡与均衡是不同的概念，它们经常被混淆使用。平衡通常指的是在不同要素之间保持同样的重量或比例，均衡指的是在不同要素之间达到各自适当的比例。均衡强调的是各个部分之间的合理比例，以实现整体的稳定与和谐。

简而言之，平衡着重于稳定和保持不动，而均衡则强调各个部分之间的适当的比例关系。比如企业获得一元钱的收入，企业、员工和股东各获得同样的分配是平衡。反之，企业根据自身长期发展的需要，将一元钱收入按照企业的长期规划在企业、员工和股东之间按照行业的合理比例来分配就是均衡。这个分配工具就是"三费率"，每个企业因其所处的行业不同会采纳不同的"三费率"，我们会在第五章详细讨论"三费率"这个有用的管理工具。

处理好权力与服务的关系

企业要处理好自身与员工的收益平衡，人力资源部也要处理好一种平衡关系——权力与服务。前文已经讲过，企业存在异化，人力资源部的职能同样会异化，无论是企业还是人力资源部，都需要异化回归。顾名思义，"异化回归"就是归来吧，不要在异化的道路上越走越远！这个回归就是指从权力到服务的回归历程。

回归到什么程度，才能符合所在企业的发展状态呢？这又是一个见仁见智的问题了。一般来说，这与企业所在的行业和在多大程度上依赖于知识型劳动者有很大的关系，人力资源部处于权力与服务的哪一端，不同的行业、不同的企业又有所不同。

根据我的观察和分析，在图3-4左边的是权力，右边的是服务的横轴上，人力资源部根据所在的行业，大概处于如下的不同位置。每一家企业根据自身所处的行业，会形成不同的导向。图中的企业从左到右，从权力导向向人才导向滑动。

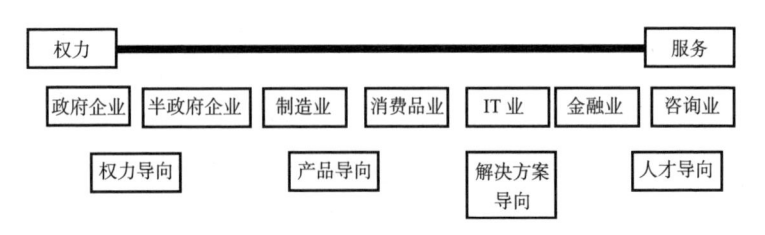

权力							服务
政府企业	半政府企业	制造业	消费品业	IT业	金融业	咨询业	
权力导向		产品导向		解决方案导向		人才导向	

图3-4　不同行业的企业从权力到服务的不同导向

处理好天平中权力与服务的偏向关系，是人力资源部需要思考和解决的课题。如果不重视这个关系，企业要么被人力资源部异化（人力资源部权力过大），要么人力资源部不会起到任何作用（人力资源部过于行政化）。

在改革开放前，国内大概只有五种组织形式：事业单位、军队警察、政府机关、国有企业、农村生产队。这些组织往往采用的是集中式的组织管理形式。这样的组织存在一个普遍特点，过度依赖个人的决策。

在这样的组织形式中，资深者就是know-what（知道做什么）、know-how（知道如何做）和know-why（知道为什么这样做）的人。比如：在教育界，不能"挑战"教授的权威；工厂的工人分为1～8级，低级别的人不能挑战上一级的人，8级工人知道所有"答案"。为了"保护"权威，权力变得很重要。这种环境下形成的企业文化就是，尊重资深者，不要挑战权威。在这样的组织中，人力资源部的角色和定位，实质上也是为了更有效地维护这种一元化的价值观和管理理念。

随着企业朝着市场化方向发展，客户的诉求越来越受到重视，这种一元化的价值观遭遇了挑战。因为没有一个人知道所有正确答案。客户提出需求后，老板的作用就是组织团队和专家拿出解决方案。这个团队中有老板、有下属，但没有人马上会有正确的答案。答案在哪里呢？它由团队讨论形成。在这种组织环境里，"挑战"老板是被鼓励的行为（当然要学会高情商地挑战），如果下属对老板提出的方案有异议，可以提出来（当然也是要讲究技巧地提出来），因为老板和下属有着共同的责任，就是服务好客户。

不同类型企业的人力资源部有着不同的理念偏好和需求，而这种权力理念和服务理念的差异，也影响着人力资源部的工作导向和组织形式。

在图3-4的这条横轴上，权力与服务居于两端，是风格迥异的两种理念形态。二者之间的区域，则是一片模糊地带。越靠左的企业越以权力理念为主导，越往右的企业越以服务理念为主导。企业的人力资源部究竟该在哪个位置上呢？这一问题也许没有最好的答案，只有最适合企业的答案。

从横轴的左端向右端看，如果你的企业是一家劳动密集型企业，人力资源部就需要偏向左端。在这样的企业中，企业人力资源管理会相对复杂，树立企业规范制度和流程就显得更重要了。相对而言，劳动密集型企业的人力资源部定位是比较权力导向的，这其实也无可厚非，关键是要以开放的心态来做出决策。

沿着横轴向右走，在产品导向的企业中，人力资源在权力与服务之间相对均衡。再向右，如果你的企业除了人以外没有任何实物资产的话，人就是生产力，人就是你的产品解决方案，你就必须有好的激励考核制度和好的服务，那么这类企业的人力资源部的定位就是纯粹的服务部门。

企业的产品类型和客户群体类型也会反映出企业对人力资源部理念取向的要求。如果企业是以生产无形产品为主，或者其客户群体是以机构客户为主的，那么，它对服务的要求一般都比较高，需要更多服务意识的投入，相应地，人力资源部也需要以服务理念为主导，如金融业、咨询业等。反之，如果企业是以生产有形产品为主，或者其客户主要是个人的，则相对不强调服务的取向，人力资源部在理念取向上也倾向于横轴的左边，即权力导向，如制造业、消费品行业等。

基于权力理念的人力资源部大多采用职能制组织形式。这种组织形式的好处是便于人力资源业务及产品本身的精专化。这种模式更多体现了权力导向和产品导向。它的缺点是不利于满足内部客户提出的对人力资源部门的需求，人力资源部在为内部客户提供服务时也会产生推诿和扯皮的现象。

这种模式被称为"职能导向模式"（见图3-5）。在这种模式中，人力资源部会把每一份工作都做得特别精细，各个职能对应的负责人非常专注于发挥自己的职能。例如负责招聘的人会一心一意地把招聘工作做好，负责薪酬的人也会把薪酬产品做得非常专业。

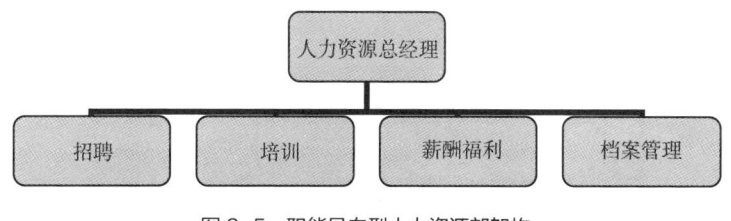

```
            人力资源总经理
    ┌─────────┬─────────┬─────────┐
  招聘      培训    薪酬福利   档案管理
```

图 3-5　职能导向型人力资源部架构

不过，职能导向的缺点是服务功能不突出，内部客户需要获得人力资源部服务的迫切性没有得到体现。这就有了人力资源部的另一种模式——"服务导向模式"。

基于服务理念的人力资源部在组织形态上更多考虑客户的便

利性和需求。人力资源部通常分为产品、客户支持和服务共享三部分。在这种模式下，人力资源部的架构不是从职能的角度来设计的，而是从人力资源业务伙伴（human resources business partner，HRBP）、卓越产品中心（center of excellence，COE）和服务共享中心（shared service center, SSC）的角度来设计架构。这就是著名的"三支柱"模型，由美国密歇根大学教授戴维·尤里奇（Dave Ulrich）于1997年首次提出。这个模型在他的著作《人力资源管理价值新主张》（*Human Resource Champions*）中首次得到了详细阐述，并在之后的著作和文章中进一步加以发展和讨论。基于这种服务理念的人力资源部组织形式（见图3-6），能够更有效地完成吸引、培养和保留企业所需人才这一使命。

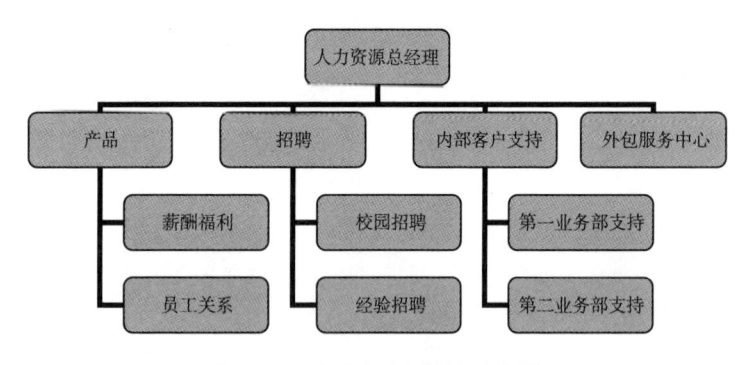

图 3-6 服务导向型人力资源部架构

做业务部门的战略伙伴

将人力资源部看作一个服务或者业务部门,是人力资源管理发展的一大突破。角色定位关乎价值回归,在为客户创造价值面前,人力资源部自然会对业务有更深刻的理解。

随着企业的发展,人力资源部在企业中的价值也在发生着变化。

过去,企业人力资源部主要负责行政方面的工作,比如考勤、人员招募、薪资发放和一些简单的培训工作。这些工作不但价值有限,对提升人力资源效率、企业效率也都没有起到太大的作用。如今,有越来越多的企业将人力资源部看作战略制定的参与者之一,比如华为将人力资源部门与财务、战略部门并列为三大业务部门。

持同样观点的还有被称为"人力资源管理之父"的美国密歇根大学教授戴维·尤里奇(Dave Ulrich)。他认为:人力资源工作者扮演着四个角色,分别是战略合作伙伴、行政事务专家、员工的后盾、变革推动者。他希望人力资源部能够转型为从事"战略性"工作的角色,而不仅仅是行政支持部门。

实际上,一些国内学者已经提出了这个课题,并通过咨询公司在一些企业进行了宣传、落实。我对人力资源部作为一个战略伙伴的理解分为两个层面:第一是战略的层面,第二就是日常管理的层面。

先讲讲战略的层面。从战略的层面来看，人力资源部的业务首先要跟公司的商业目标相联系，比如降低成本、提高员工的投入和客户满意度，可能还会有股东回报最大化等，这些都是公司的商业目标。为了达到这些商业目标，公司的每个部门都在思考自己的办法，把自己的部门重新进行结构整合。

那么，人力资源部是怎样来完成这个目标的呢？

第一种做法是一些大公司通常采取的做法，即建立一些外包中心。比如成立服务共享中心（SSC），目的就是把人力资源部里一些比较行政化、流程化和手工操作化的工作，外包给这个共享中心。比较典型的人力资源业务如薪酬发放、福利管理、简历的筛选，还有员工数据中心的处理、储存等偏行政化的业务，统统外包出去。

第二种做法是建立一个卓越产品中心（COE），其目的是把人力资源部或者这个行业一些最佳的操作方法和解决方案共同集中在这个服务中心里，然后为人力资源部的服务人员和我们的内部客户提供解决方案。

第三种做法是在人力资源部设立业务合作伙伴（HRBP）这个角色。人力资源部会特别指定一些有人力资源知识的资深人员，专门为内部客户（员工）提供人力资源服务，形成点对点的服务对接。

如今，跨国企业和一些国内大型民营企业的人力资源部基本按照这种思路调整了人力资源部的定位。通过设立外包服务中心（服务共享中心）和HRBP，人力资源部的人员可以把一些劳动密集型或行政性的工作转给服务中心来做，从而把更多的时间花在战略性的、有一定高度的事情上，为内部客户提供更好的服务。目前，大型国企的人力资源部应该还没有设立HRBP这个部门，这同其权力导向的理念也是吻合的。

这种模式实际上还在测试阶段，不能把其称为一种最终解决方案。从我自己工作过的一些投行来看，很多金融行业企业把澳大利亚、印度、菲律宾选为外包服务中心所在地，但是在实践过程中，还是走了一些弯路。

最极端的例子是，有些企业把人力资源部的所有人都调到外包服务公司去了，总部只剩下人力资源部的负责人、产品负责人和业务伙伴负责人。这样做的结果很糟糕，客户服务就几乎完全在线上完成了。企业最后又开始反思，把外包出去的人员调回总部，以更贴近客户。

从日常管理层面来看，人力资源部同样有自己的商业目标。

如今，几乎所有金融行业企业的人力资源部都采取了解决方案模式，它的框架构造为伙伴、产品和服务共享三大模块。

客户就是内部客户。为了给内部客户提供解决方案，人力资源部提供"产品"，通过人力资源伙伴这种关系把它推销给业务部门和其他职能部门，而业务部门既可分为第一业务部、第二业务部、第三业务部，也可以按区域划分为华北、华中、华南区域，同时再成立一个服务共享中心。

HRBP在每家企业的名称可能不一样，但它们的服务内容是相同的。例如：摩根士丹利将其称为"coverage officer"，就是提供支持服务的意思；高盛将其称为"generalist"，就是通才、什么都懂一些的人的意思。

尽管用词不同，但是这些词语背后的含义相同，这意味着它们都将人力资源部看作业务伙伴，对客户负责。

这种变革对人力资源的从业人员产生了深远的影响。

第一，人力资源的从业人员在选择事业发展道路时比较明晰，可以选择成为战略伙伴或从事人力资源产品的开发。无论是薪酬、福利、培训还是招聘，都属于人力资源产品的开发。人力资源部的员工可以根据个人的长处和兴趣来选择事业发展方向。

由于是面对内部客户，因此人力资源部的员工要成为战略伙伴，需满足至少以下五点需求：（1）要有好的服务意识；（2）要对自身产品非常熟悉；（3）要了解你所在企业的核心业务；（4）要将人力资源部的工作变成事业；（5）具备极强的沟通能力。

在满足上述要求的前提下，人力资源部的员工就能成为战略伙伴。

第二，人力资源从业人员可以成为专家。

怎样做才能成为专家呢？首先，要具备一些研究探索的素质；其次，思维倾向要量化，要对数字比较敏感（这是因为薪酬福利大多是跟成本挂钩的）；最后，要具备税务和法律的相关专业知识。

第三，人力资源从业人员可以成为管理人员。当具备了宏观性、战略性思维，对公司的业务非常了解，同时具备领导力、协调力时，你就可以成为公司的管理人员了。

总体而言，人力资源部的员工要想成为战略伙伴，需要具备多项才能：

（1）当客户有困难时，要迅速了解，并能提供多种解决方案。

（2）要有较强的动手能力，尤其是提升组织流程效率的能力。

如今，企业的竞争归根结底是人才的竞争。很多企业已经意识到，人力资源在企业竞争中能够为客户创造价值，帮助企业完成对人才的竞争。于是，人力资源部的角色就不再是行政中心，而彻底是战略伙伴了。

总经理要做一个"无意识"的实践者

一家公司人力资源管理的好坏，不在于它是否有一个强有力的人力资源部和（或）人力资源系统，也不在于它的经理人员是否有先进的人力资源理论，而在于它的一线经理人是否在无意识地实践人力资源管理，并通过这些活动影响人力资源部的日常工作。所谓"无意识"，是指这些经理人的日常商业活动已包含很多人力资源活动，但他们并没有意识到这些活动能够上升为人力资源理论并影响公司的发展。

公司人力资源部工作的难点在于，人力资源部从业人员的人力资源理论太过超前于一线经理人的人力资源实践活动。这种超前使人力资源部成为公司人力资源实践的倡导者，但不被一线经理人接受。

我们身边经常可以看到，企业的人力资源部人员去参加各种各样先进的管理理念和方法的培训。在这种情况下，人力资源部的人员接受了新的理念，但是一线经理人并没有接受相关的理念培训，这就使人力资源部的理念超越了企业相关实践者的理念。在这种情况下，人力资源管理人员是非常痛苦的。一方面，一线经理人通常不愿意接受人力资源部门的"教育"；另一方面，理念的滞后导致公司在实践中落伍。

究其原因，人力资源部原本就是公司内部活动（insourcing）的结果，而非独立存在于企业的外部部门（outsourcing）。"insourcing"和"outsourcing"的区别在于，前者还未将人力资源的活动委托外部机构来管理。

如果任何人力资源的管理工具都是由人力资源部来推动实施的话，那是一个相当累人的活儿。为什么这么说呢？大家可以看看，在企业中，如果是人力资源部而不是管理层或业务部门来力推某一项绩效考核制度，会引起什么样的后果。

通常来说，出现的后果是，要么在力推过程中备受阻碍，要么遭遇全体员工抵制。这是人力资源部的问题吗？我不这么认为，这里的核心问题是人力资源管理工具的应用没有成为一线经理人的无意识行为，还停留在制度化管理阶段。

反之如何呢？假设一线经理人的意识与人力资源部的意识同步甚至超越，那么所有的管理工具就不再是工具，而是理念的输出。还以上述绩效考核制度为例，一线经理人将这种制度运用于日常业务进展中，行为考量大于结果考量，这样一来，管理工具的工具化特点就会消失殆尽，绩效管理也才会真正地发挥它的作用。

而人力资源管理的难点也就在于此。每一项人力资源活动的倡导者、推动者都需要人力资源部来扮演，这自然是很痛苦的。这些苦恼实际源自对人力资源理念的理解和操作，人力资源部超前于自身所在企业的发展阶段，其认识高于所在企业老板及其他管理层的认知。

做人力资源最幸福的是，有一个理念比你超前许多的老板，而你为他服务。

所以，普通公司和优秀公司的区别就在于：前者是人力资源部在推动每一项人力资源活动，一线经理人在被动实践这些活动；后者是由一线经理人进行人力资源实践，而人力资源部在这个实践过程中辅助实践的实施。

咨询公司有先进的人力资源管理水平，不是因为它有一批聪明的人力资源管理专家，而是因为它的咨询人员善于在与优秀的公司管理人员面谈后，能将他们的人力资源实践活动抽象成易于传授的人力资源管理理论。如果得到一线经理人的认同，则是公司的福气。

在这方面，商学院开展 EDP（Execlltive Development Program，高级经理人发展课程），确实对企业有大的价值，而实现这一价值的关键是，怎样将其与企业的实际相结合。一线经理人或管理者还是要借助培训来帮助企业解决一些问题，如果带着这些问题参加 EDP，比如针对员工的激励原则，这些管理者就会知道为什么员工要辞职，以及应该采取怎样的激励方式来缓解这个问题。

此外，要达到人力资源管理的最高境界，最关键的就是要发挥潜移默化的影响，这要通过一些成功的实践逐渐转变管理者的理念并形成良性循环来实现。未来，从指令型到辅助型角色的转变，是中国人力资源管理工作发展的趋势之一。另一个趋势是人力资源生产的产品更多样，人力资源从业者本身更加专业，对于创新性的要求也更高。

根据迈克尔·波特在其著作《竞争优势》中提出的价值链概念，企业价值链可以分为两个部分：一是主活动，包括物流、运营、销售等；二是支持活动，包括采购、技术发展、人力资源管理、基础设施等。这两类活动联合协作，为公司创造竞争优势、增加客户价值。

作为在支持活动价值链上入榜的人力资源部，它能够通过提升自身的能力和优势，帮助企业提高效率、提升产品质量，从而为客户提供更好的服务和机会。

第四章

招聘——找到最合适的人

在企业获得所需发展的人力资源方面,有一个著名的3B模型:buy(购买)、build(自建)和borrow(借用)。这个帮助管理者思考如何获取人才的模型在优秀企业被广泛采用,不少企业已经驾轻就熟,形成了完美的3B组合人才获取方式。什么是3B模型?

buy,即通过以市场招聘的方式获取外部人才来满足组织需求的方式。通常的做法是通过招聘广告、猎头服务和内部人士推荐等渠道来吸引具有所需技能和经验的人才加入组织。"购买"人才的优势在于可以迅速填补组织中的空缺、引入行业内甚至跨行业其他公司的全新的视角和专业知识来催生自身企业的创新。然而,通过"购买"途径获得的人才会面临较高的成本和较长的企业文化适应期。"购买"方式是企业迅速扩张和跨国发展时期常用的人才获取方式。

build,即通过校园招聘、内部人才梯队建设、工作轮岗和员工晋升渠道来满足组织需求的方式。"自建"人才的优势在于:(1)能获取高成长性、高潜能和性价比极高的应届生。(2)能充分发掘和发展现有员工的潜力,使其能够更好地满足组织的需求,并提高员工的忠诚度和动力。很多企业不太重视"自建"模式,认为它需要长期的投入，无法解决企业短期的用人目标。这种想法非常自然，也似乎符合逻辑。然而，真正使用过校园招聘的企业管理者可能都有同样的感受：校招生不能解决企业短期人才需求是一个伪命题。

现在越来越多的中国企业开始大规模地使用"自建"模式来获取源源不断的、有潜力的人力资源。比如字节跳动（ByteDance）就是一个大量使用"自建"模式来获取人才的企业。这家全球领先的科技公司，旗下拥有知名的短视频平台抖音（国内）、TikTok（海外）和新闻聚合应用今日头条（Toutiao）。它通过校园招聘为企业赢得以下收益。

其一，吸引年轻、创新型的人才。通过校园招聘，字节跳动能够吸引那些具有创新思维和技术能力的年轻人才。这些人才通常对最新的科技趋势和平台需求有较高的敏感度，对公司发展有积极影响。

其二，提升企业声誉。通过积极参与校园招聘活动，字节跳动能够在高校学生中树立良好的声誉。这有助于吸引优秀的毕业生，同时也提升了字节跳动作为雇主的吸引力和竞争力。

其三，培养人才储备。通过校园招聘，字节跳动能够锁定并培养人才，为长期的人才储备计划做好准备。它可以通过提供实习、培训和发展计划等机会，为优秀的毕业生提供成长和晋升的机会，促进他们与公司长期合作。

其四，多元化和创新。校园招聘可以帮助字节跳动吸引不同背景和专业领域的人才，为企业带来多样化的思维方式和创新解决方案。这种多元化有助于提升公司的创新发展和在市场上的竞争优势。

因为积极参与校园招聘和对年轻人才的重视，字节跳动在中国高校间建立了良好的声誉，并成功吸引了许多优秀的毕业生加入公司。这个案例表明，校园招聘对中国企业来说也是一个有效的人才获取方式，具有巨大的潜力和收益。

borrow，即通过借用外脑、合作伙伴关系或短期合同来获取企业所需技能和专业知识的方式。企业可以与其他组织、个人顾问或专业公司合作，共享人力资源，解决特定的工作需求。"借用"人才的优势在于可以灵活地获取所需的专业知识和技能，并降低长期雇佣所带来的成本和风险。比如在劳动密集型的企业，招聘流程外包（recruitment process outsourcing，RPO）和劳务派遣就是比较典型的借用模式。然而，"借用"人才可能面临时间和协调方面的挑战，需要确保合作伙伴能够满足组织需求并积极参与合作。

综上所述，3B模型提供了灵活且多样化的方式来获取人才，企业可以根据具体情况和需求选取适当的方式或结合多种方式来确保人力资源的匹配和持续发展。

招聘是企业获取人力资源的重要方式，是企业人力资源管理的首要职能。从人力资源管理的角度来看，招聘如同绩效管理和激励管理一样，是企业发展的刚需和频需。在前面介绍的3B模型中，购买和自建就涵盖了两种招聘方式：社招和校招。

本章所述的招聘，不仅指企业通过各种渠道和方式吸引潜在人才前来应聘，还包括企业对应聘者的甄选与录用过程、对其能力的考量和遵循的招聘理念。不同行业的企业，所需要的人的能力的侧重点有所不同，但领导力应该是每一家企业对自身人力资源能力的首要要求。

领导力在某种程度上是一种天赋，是由外部环境造就的。在中国，快消品领域开放的时间比较早，最早进入中国的海外企业是美国的宝洁公司。过去十几年里，国内报道比较多的重视新人领导力开发的企业，正是这家公司。该公司对新人领导力的追求近乎极致，新进来的员工最初不按专业划分，只强调领导力和其他潜能，如分析能力、沟通能力、团队精神和商业能力等，入职之后再进行专业技能的培养。20世纪90年代，宝洁的内部迷你MBA（工商管理硕士）项目专门负责培养管理培训生（MT）的领导力和上面提到的软能力。

宝洁的培训课堂有一则经典的案例。

假设有两位司机甲和司机乙都在等待公司的指令，他们接收到同样的指令："明天早上9点去接总裁，然后在10点前把总裁送到客户的公司。"

指令是相同的，结果也是相同的，司机甲和司机乙均在规定时间把总裁送到了指定地点，但是过程完全不同。

司机甲于早上8点30分准时到达总裁家门口。到达后，他开始听路况广播（因为20世纪90年代还没有手机地图），了解路况信息，做足各种应急方案。上午9时整，总裁到来，上车，司机甲将其送达。

司机乙接到同样的指令后，准时到达总裁家门口，之后一直在车里等待，直到总裁出现并上车，然后司机乙将其送达。

如果仅从结果来看，甲、乙司机完成了同样的指令、同样的执行动作并达到了同样的结果。但是，从领导力方面考量，甲、乙则完全不同。

那么，问题来了，假设你的公司一共有10位司机，你会选择谁来做司机的管理者？

答案一定是司机甲。

为什么是司机甲？因为在日常行为中，司机甲比司机乙多了一些跟领导力相关的行为，比如，听路况广播这个行为就是准备预案和提前计划的领导力行为之一，说明他有一定的计划、预备和管理能力。20世纪90年代的中国，领导力的概念还没有被系统地作为培训项目引进企业，我们习惯把领导力跟头衔直接挂钩，认为只有领导头衔的人才需要领导力。但实际上领导力已经成为优秀企业人必备的能力之一了，企业招聘也必须从候选人中挖掘有这方面能力的人。

再回过头来看招聘。这么多来应聘的大学生，谁有领导力，谁没有领导力呢？通过面试可以观察、寻找有领导力的新人，这样的新人加入企业后，专业能力迅速提升，很快就能成为企业的顶梁柱。

后来的事实证明，宝洁按照领导力要求招聘到的新人，往往很快就能成为企业的高管或领域内的专家。他们当中不少人离开宝洁公司后担任了其他公司的高管，对中国本土企业的不断发展发挥了功不可没的贡献。因此，企业选择人才时，除了考量经验和专业能力，领导力也是首要考虑因素。

曾经有一篇报道称，宝洁公司从校园直接招聘财务人员时，拥有财务专业文凭并非首要考虑条件之一。那篇文章的作者对此提出了疑虑，认为这违反常理——专业和工作应该是对口的。

其实，这也很好理解。这说明宝洁公司的财务部门有足够的知识沉淀、经验和能力将一位初出茅庐的非财务专业的毕业生培养成自己所需要的财务人员。在招聘过程中，宝洁更看重应聘者是否具备或接近宝洁公司的核心能力和价值体系，这种软性的素质并不是每个人都有的。

我自己也有过深刻体会。在中金的时候，摩根士丹利派来一个分析员给新来的员工讲授财务课程。她是一个美国人，哈佛毕业，专业是法语，加入摩根才两年。我当时很惊讶，就问她财务知识是从哪里学的。她告诉我，就是在摩根学的。短短两年的时间，她就可以给新员工讲授财务课程，还自己编写了一本厚厚的财务教材。

我也认识一些很成功的投资银行家，他们有学历史的，也有学文学的，学什么专业的都有。学什么不是最重要的，只要你是一块好料，学习能力强，剩下的就是公司来培训你。当然，随着人类开始进入AI时代，有些硬能力成为企业招聘躲不过去的门槛，如果你申请代码工程师岗位，能否编写代码就是招聘时候要首先确认的能力，我们称之为"硬能力"。硬能力是指个人在特定的领域或技能上所必须具备的实际操作能力和技能，比较容易量化、衡量或发现，如语言能力、数据分析能力、编程能力等。

相对于"硬能力"，"软能力"是指个人在企业中是否具有人际协调力、沟通能力、领导力、创新能力等非技术性的能力。与硬能力不同，软能力更注重人的行为、心理、动机和态度方面的特质和能力。软能力往往是通过个人的性格、情绪、情商、人格特质等来表现和发展的，它们虽然难以被量化和衡量，但在个人和组织的成功中都起着重要的作用。

一些常见的软能力包括领导力、团队合作能力、沟通能力、解决问题能力、创新能力、批判性思维能力、适应性和灵活性、情绪等。这些软能力可以通过培训、实践和自我反思来不断提升和发展，对于个人职业发展和组织的成功具有重要意义。

企业招聘的三种理念

就像此前在薪酬制度方面所受的理念冲击一样，招聘工作也受不同理念的指导。

据说有一次在阿里年会总结的时候，马云说：好的绩效管理是让3个人干5个人的活，拿4个人的工资！后来引发网上的热烈讨论：（1）2人干3人活，拿3人工资；（2）3人干2人活，只拿2人工资，哪种制度更合理？提出第一种观点的人所折射的招聘理念跟第二种观点的人所折射的招聘理念是不一样的。

下面有三种招聘理念：第一种是所招聘之人的能力还不能完

全匹配岗位所要求的胜任力；第二种是所招聘之人的能力刚好匹配岗位所要求的胜任力；第三种是所招聘之人的能力超过岗位所要求的胜任力。选择哪一种理念作为企业的招聘指导，是能够影响企业在所处行业的地位、对人才的吸引力和长期发展能力的。

（1）第一种招聘理念如图4-1所示。

图4-1　第一种招聘理念

（2）第二种招聘理念如图4-2所示。

图4-2　第二种招聘理念

（3）第三种招聘理念如图4-3所示。

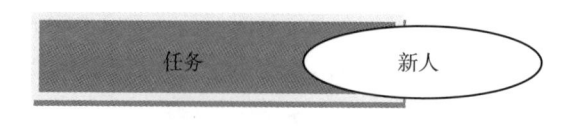

图4-3　第三种招聘理念

相信你的判断，企业大多会选择第一种理念，因为这是最经济省钱的招聘理念。企业会选择那些尚不能完全胜任任务的新人，帮助他，让他逐渐成为第三种类型的人才。但是就企业的发展而言，其代价也是巨大的，这是以牺牲企业的快速发展为代价的廉价人力成本策略。上面三种招聘理念没有对与错，根据行业不同，都可以成为最合适的理念。

第一种理念比较适合低端劳动密集型行业，如酒店业和低端制造业。这类行业对固定资产投入较多，属于人力成本敏感型行业。聘用不能完全胜任岗位胜任力的人来做事，成本相对较低，同时这类人对福利待遇（非现金）也比较看重，企业可以通过提供培训和福利来激励和保留人员。

第二种理念，我认为比较适合招聘管理岗位的人员，因为处在管理岗位的人员必须是一个能完全胜任相关工作的人，也就是上岗即能发挥价值的人，否则对企业的投入也是一种浪费，损失将无法弥补。

第三种理念比较适合知识和人才密集型的行业，如金融、咨询行业、高端制造业以及现在风生水起的高科技公司。这样的招聘理念强调所招聘之人在潜能上已经超出了他们将要从事的工作对能力的要求。不过，这里所说的只是潜能上超过，也许在知识和经验上暂时还不能完全胜任。以这种理念为主导的招聘企业，往往会把潜能因素排在经验因素之前，因为这种理念认为，潜能是先天习得的，经验是后天获得的，如果能力强，获得经验的速度就快。采用这一招聘理念的方法是通过校园招聘渠道来获得有潜能的人才。

通过这样一个简单的例子，我们就可以看出，行业不同，招聘理念会不同，所采取的办法也会不同，效果自然也就不一样了。

一般来说，第二、三种招聘理念一直被金融行业、咨询行业和科技行业所采用，但是现在也有越来越多的所谓低端制造行业里的企业也开始采用第三种理念，从校园招聘有潜能的新人作为管培生来长期培养。这些新人唯一欠缺的就是经验和经历，但是认知能力和学习能力较强，很快就能成为公司的栋梁。

我访谈过一些低端制造业的企业管理者，到目前为止还没有听说他们对校招生不满意的，可见这个理念用好了对企业是有百利而无一害的。

企业为什么招才难——追求高贡献度的人才

追求高贡献度的人才是企业难招人才的主要原因之一。也正是出于这个原因，人才聚集的地方，人才的价格必定不便宜，反而比人才稀缺的地方要高出不少。这就是人才的悖论之一，人才价格不受供求关系的影响。

我们花些篇幅说说人才的贡献度。我在中金的时候，招聘一直是刚需和频需，每个部门的满编率都不是很高。我当时非常羡慕身处华尔街的同行。有一次跟摩根的HR进行电话会议时，我说我们很难招到人，我的同行回答说他也很难招到人。这个回答对我有很大触动：人才济济的华尔街也招不到人？

中国现在作为第二大经济体，经济发展更加市场化，企业无论大小都感受到了招不到人的压力。我认为这是因为企业都在追求高贡献度的人才。事实上，对公司业绩贡献非常大的人才是少数。公司想要实现预期的业绩目标，就要研究并识别出哪些人为公司做出了主要的贡献，同时将他们的潜能最大化。

什么是人才的贡献度？人们可能首先想到的是IQ值的高低决定了人才的贡献度大小，也就是说IQ值高的人，贡献度就大。IQ值确实是衡量人类智力的一种工具，高IQ值的人在处理复杂问题时可能表现出更强的能力。然而，除了正常的IQ值，一个人的贡献度还需要其他因素来支撑，比如创造力、情商（EQ）、逆境商数（AQ）、社交能力、风险承担能力和专业技能等。有些人可能智商平平，但在特定的场景下，如在高强度的压力或竞争环境中，却能做出常人无法企及的成就。

我们观察到，企业中这种贡献非凡、业绩出色的人才是屈指可数的，但他们却创造了公司的大部分业绩，也就是说，企业员工的业绩分布呈现幂律分布（亦称长尾分布）的特点。这些出色的员工通常具备特殊的技能、丰富的经验和卓越的执行力，这不是每个人都能轻易达到的水平。

什么是幂律分布？简单来说，就是大多数事件发生的频率都低于平均值，而只有少数事件发生的频率远高于平均值。比如，大多数地震的震级都低于平均震级，只有少数地震的震级非常高，但是破坏力巨大。

同理，在企业中，这种情况很常见：大多数销售人员的业绩低于平均值，只有少数绩优者贡献了大部分的销售业绩。这就是典型的幂律分布（见图4-4）。

图 4-4 幂律分布图（长尾分布）

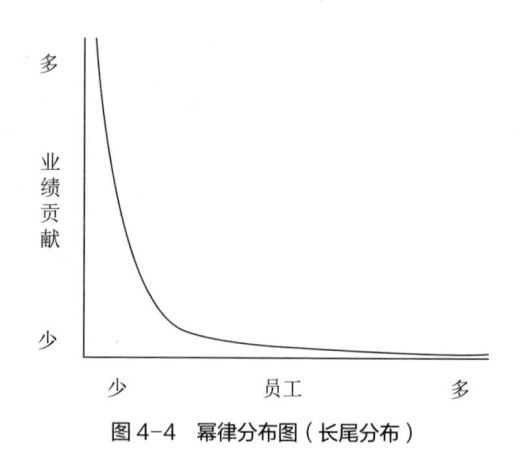

在修订本书的过程中，我读到了《重新定义团队：谷歌如何工作》一书，其中的一些观点与我的分析有异曲同工之妙。书中有这样一个表述：组织成员的业绩表现符合幂律分布。也就是说，大多数人的业绩贡献低于平均值，而少数个人的贡献非常大，远远高于平均值。谷歌研发高级副总裁艾伦·尤斯塔斯在总结多年招聘工程师和与工程师一起工作的经历后，说出了这样一句话："顶尖工程师的价值相当于普通工程师的300倍……我宁愿错过整整一批工程类毕业生，也不愿放掉一位出众的技术专家。"[①]

当然，了解了高贡献度的人才是一种稀缺资源后，并不意味着企业今后只把资源向他们倾斜，毕竟企业的资源是有限的，必须合理配置。将人员按照20%、70%、10%的比例分成A、B、C三类，

[①] 拉斯洛·博克.重新定义团队：谷歌如何工作[M].北京：中信出版集团，2015：84.

仍然是一个有效的人员管理模式。职场毕竟不是赛场和战场，也不需要每个人都是明星，相对平滑的人员分类有利于最大限度地调动大多数人的积极性。在人还没有完全被AI代替的时候，我们可能还需要按照20%、70%、10%的比例来合理分配资源，以满足不同员工的需求。

但是在管理A、B、C三类人员时我们要有时间投入的选择，优秀企业管理者会将80%的时间用来激发A类人员，让他们的潜能最大化，从而让这20%的人达成80%的贡献。普通企业管理者一般会将80%的时间用来培训C类人员，以提高他们的能力和业绩，但其实这10%的人仍然会将团队的整体水平拉低，从而影响团队的整体表现。

企业里的人员在进行A、B、C分类后就形成了资产（asset）和负债（liability）两个"人财"科目，A是"优质资产"，B是"资产"，C就是"负债"了，注意是"负债"而不是"债务"（debt），区别在于债务是已经借入的资金，负债是公司在未来要履行的经济责任或义务。按照这个定义，C类人员只要在花名册上，企业就有管理和财务的责任和义务，比如要发他们的工资和提供福利等，即使他们的产出已经不能覆盖他们的边际成本。有的企业实行末位淘汰制，就是想及时地减持这部分的人员负债，正如企业要经常进行财务坏账清零（write off）。我们由此可以得出这样的结论：没有经历过裁员的企业还算不上一个真正意义上的企业。

虽然，企业高层经常把"人是我们最宝贵的资产"挂在嘴上，但是优秀的管理者，心里都会有一个清晰的"资产人"和"负债人"的分类。"资产人"就是能够给企业带来经济收益的资源，"负债人"则是把这些经济收益往下平均的那部分人。

树立正确的企业人才观

企业应该遵循的人才观是"始终用优秀的人来吸引和培养更加优秀的人"——听过类似话术的人不少，但是听懂的人应该不太多。否则，多数企业就应该不会为招不到和留不住优秀的人才而犯愁了。"听过"和"听懂"只是一字之差，但是前者表达的是"知道"（know）这个理念，并且承认它是一个正确的理念，但是不知出于什么原因，企业并没有践行；后者表达的是"理解"（understand）这个理念，是承认并践行了它。所以，两者的区别还是很大的。

那么，如何践行这一人才理念呢？目前并没有人来专门总结这一点。但是，我们可以通过一些观察，来识别践行者的一些特征。

（1）实行系统、严格和始终如一的校园招聘来获取企业人力资本，学术术语称其为"纵向招聘"（vertical recruitment）。

纵向招聘的完美实施有两个意义：一是能在校园里提前宣传企业的品牌和价值观，二是能够获取更多和更有潜力的人才。纵向招聘的反面是"横向招聘"（horizontal recruitment），通俗地说就是市场招聘或社会招聘。虽然横向招聘也是企业获得人力资本的重要途径之一，但是完美践行"用优秀的人来培养更优秀的人"的企业，一定是校园招聘方面的典范。在非常优秀的企业中，招聘者如果能够在校园招聘中发现比自己更加聪明的应届生，都是非常兴奋的，并且会不惜任何代价把他们收入囊中。

（2）实行系统、严格和始终如一的基于能力和绩效的人才发现体系来发现、发展和保留人才，用一个简单的词来描述就是"绩优主义"（meritocracy）。

人才发现过程是通过一揽子日常活动，如工作会议、工作观察、邮件沟通、解决方案和一揽子工具（如360度绩效反馈）等来完成的。也就是说，是不是企业的绩优者，要通过多维度的长期考察来确定，而不是通过简单的单边维度，如领导维度来确定。但是在现实的企业环境中，想要系统地使用多边维度来发现人才，还是一种比较天真的想法。因为企业赋予领导的责任和义务远远大于其他员工，套用权利和义务对等的原则，不管你是否愿意，领导在用人方面一定拥有更多的决定权，这也是可以理解的。但是如果你足够幸运，加入了一个已经长久（10年以上）地实践了上面提到的发现人才的过程的企业，关键岗位的领导也是通过这个流程被发现和被培养起来的，那么领导的单边维度在某种程度上也是企业所认可的。

（3）实行系统、科学和始终如一的基于公司业绩和个人关键行为指标（KBI）来激励优秀人才的激励体系，而不是基于个人财务关键绩效指标（KPI）的激励体系。

写到这里，我已经知道哪些人会同意这个观点并且奇怪竟然还有人不懂这些"常识"？哪些人会非常反对这个观点并且愤怒地质疑这不是搞"大锅饭"和平均主义吗？关于平均主义的讨论，我曾读过美国一位反乌托邦作家库尔特·冯内古特（Kurt Vonnegut，1922—2007）的短篇小说，标题为《当人们错误地追求结果的平等而不是试图使机会平等时会发生什么情况？》（*What Happens When People Mistakenly Pursue Equality of Outcome Instead of Trying to Equalize Equality of Opportunity*）。这是一个有趣的短篇故事，它探讨了人们错误地追求结果平等而不是努力实现机会平等时会发生的情况。故事里充满了哲学思考，非常令人震撼。

我们不能简单地讨论平均主义是好还是不好，而是要看我们平均了什么，是平等了每个人的机会还是平均了每个人的结果。我们所憎恨的"大锅饭"是平均了每一个人的结果，所以一定是不可取的。企业管理的目的是要平均每一个人达成结果的机会，而不是简单地平均结果，这是需要智慧和理念层面的设计和努力的。

目前，优秀的企业还是从公司的业绩、工作岗位的市场价格、个人的市场价格和个人能力这四个维度，来最大限度地使每一个人获得平等发挥自身才能的机会。

在这里，前三个维度都是客观可查的，可以通过企业财务报表和中介机构的市场调查报告获得，唯独个人能力比较抽象。

什么是个人能力？这是长期困扰企业绩效管理的难题之一，这些企业觉得"能力"这个概念很抽象，无法量化，没有说服力，所以这些企业比较排斥能力导向的招聘、考核和激励。但是优秀企业已经找到了诠释这个问题的最优解,并且从理念、方法和工具这个PMT思维模型把"能力"具体化和分值化了。

什么是具体化?就是把抽象的能力通过具体的行为描述来呈现,我们称之为关键行为指标(KBI);什么是分值化?就是通过评估表格的设计将每一个KBI由低到高给予1～5分,所有KBI的分值加总除以KBI总数得出具体的百分比。

我们举例来说明一下抽象的"能力"是如何通过具体的行为来描述的(见表4-1)。

表4-1 个人能力定义表

能力	行为描述
沟通能力	善于口头表达 善于书面表达 准确及适时地完成各种汇报报告 善于闭环沟通,有始有终 提倡及使用坦率的沟通方式 能提供准确及高度一致的信息 善于使用正式及非正式的途径来交流想法
决策能力	适时地做出明智的抉择 善于利用数据和系统的方法来做出决定 在压力下都能做出可靠的决定 善于通过共同讨论达成一致的决定 在需要时做出不受欢迎的决定 不做不计后果的决定
主动性	迅速和高效率地解决问题 勇于承担及完成新任务 善于构思新的主意、步骤及解决方法 寻求新挑战及增加职责感 寻求自我改进及学习的机会 能主动地独立采取行动

续 表

能力	行为描述
人际关系	有解决冲突的能力 善于倾听 善于接受反馈及有建设性的评论 能以促进合作的方式提出意见或反馈 具有灵活性并愿意接受新思想 避免冲击性及感性地回答问题 避免感情用事
判断能力	能利用以前的经验来做出判断 能迅速地做出合理及可靠的判断 当做出判断时,能先考虑多方面的可能后果 考虑各项工作的重要性,然后分次序
领导能力	能成为有成效的、有影响力的领导人 是一个公正的领导人 以极高的标准来要求团队和个人 设立明确的目标及方向 建立一个共同的目标 设立公司的主要政策 能够解决棘手的问题
员工管理能力	善于鼓励及激发员工的积极性 能明智地及有效地分配工作 保持愉快及有挑战性的工作环境 奖励个人及群体贡献 采用合作性的管理方式
绩效管理	能尽快地解决绩效问题 保持清楚及平稳的绩效水平 提供具有指导性但坚定的改进建议 权威并有技巧地对付员工的绩效问题
解决问题	预料及识别有可能发生的问题 能够明确识别及解决问题 先判断问题的起因再作打算 当解决问题时,提出可供选择的解决方法 鼓励群体讨论解决问题的方式

续 表

能力	行为描述
产品知识	认识及能够解释公司各样产品的特色及好处 明白客户的需要及其机构的运作 了解并能理解市场上的竞争产品的特点及策略 了解市场并能应用好对市场的了解来改进产品 与产品的变化及创新保持同步
销售技能	辨别客户的需要并对此进行销售 拜访客户时能倾听及洞察客户的言行 进行卓有成效的产品发布 有效地沟通，克服困难 能及时地达成交易 不断提高销售技能
团队精神	有效地同队员合作 解决队员间的意见分歧 能与其他部门进行合作 建立及保持融洽的工作关系 为人灵活，善于接受新事物 集中队员的努力，采取最有效的策略

从表4-1中我们可以看到，左边是核心能力（KCI, Key Competence Indicator），右边是关于每一项核心能力的关键行为描述。看起来比较简单，但是如果没有好的培训体系来学习和理解以上12项核心能力及关键行为的含义，那么，在日常的绩效评估实践中，这些评价还是很难落地的。所以，要有一个完整的系统来将这12项抽象的能力具体化（第六章有详细表述）。

关于人才的两个悖论

有了理念，还得能够正确认识人才。这就是说，在理念层面，企业要有正确的人才观。然而，现实往往不尽如人意。关于人才，存在两个有趣的悖论。第一个悖论就是：人才的流动不以物以稀为贵为原则，不是哪里缺少人才，人才就流向哪里。

说它是悖论，是因为从现实情况来看，人才只流向人才更多的地方，正如资本只流向资本聚集的领域，这跟我们所理解的供求关系的逻辑正好相反。中国一线城市人才济济，不仅没有出现人才净流出的现象，反而是人才净流入的数量有增无减。美国的华尔街和硅谷很早就出现了这种现象。

企业中的优秀人才的悲剧就是有"鹤立鸡群"之感，这是企业的人才密度不高所致。如果你很优秀，鹤立鸡群了，这对你来说就是悲剧的开始。因为你找不到同类，找不到跟你一样优秀的人进行思想火花的碰撞和交流，更遑论相互学习、共同进步。有一个经典的描述："当优秀的思想相遇，它们不是相互抵消的，而是相互启迪。"这种描述强调了当两个优秀的思想碰撞时，它们不会相互消解或削弱，而是会相互激发、相互补充，产生新的见解和洞察力。这种碰撞常常带来创新和进步。

如果在一个集体中，每个人在各自的领域都非常优秀，一个人的某个想法会引发一群人的反馈和讨论，会让提出想法的人获得极大的回报及成就感，久而久之，优则更优。

这就是人力资本的特性之一——趋优性。简言之，正如前文所述，趋优性意味着人才越多的地方越能吸引人才。

人才既然被称为人力资本，就说明了其趋优的特性。优秀人才只有扎堆才会更加优秀，形成"良币驱逐劣币"的正向循环，就像热钱会扎堆儿流向高回报的地方。

"物以稀为贵"的经济学基础理论是不能套用到如何让企业吸引优秀人才的场景之中的。稀缺不会起到吸引更多人才的作用。上面提到的让优秀人才在企业中有"鹤立鸡群"之感,也是非常不可取的人才观,这样的人才观会迅速产生"劣币驱逐良币"的结果。优秀人才之间的直接思想交流可能产生让企业呈几何级发展或者斜率更大的直线发展的结果,而优秀人才与普通人的思想交流只能产生一个平庸的解决方案,会使企业出现一个平行或斜率不大的直线发展的结果。

企业要吸引优秀人才,唯一的做法就是通过提升企业的人才密度来不断吸引优秀人才的加入,这种扎堆效应会帮助企业吸引更加优秀的人才。

利用"人才密度"的概念来吸引人才是所有优秀企业都在实行的一项策略,但是真正把这种策略提炼成一个高度浓缩、便于传播的人才管理概念要归功于硅谷互联网企业——奈飞公司(Netflix)。2001年,奈飞公司被迫裁掉了三分之一的员工。当时互联网泡沫破灭,经济一蹶不振,公司濒临破产的边缘,局面十分残酷。但在当年的圣诞节期间,DVD播放器因为价格下跌成为热销的礼物,于是整个行业开始复苏。奈飞不得不用原来三分之二的人来做相当于原来两倍的工作。通过这件事奈飞发现,在人手缺乏的情况下大家工作的效率更高,而且每个人都更快乐了。

有一天,联合创始人兼CEO雷德·哈斯廷斯(Reed Hastings)让他的HRD(human resourse dirctor,人力资源总监)分析一下是什么原因导致这样的效率和快乐的员工。第一个重要的发现就是留下的人都是高绩效的优秀员工，这就告诉我们：你能够为员工做的最好的事情，就是只招聘和保留那些高绩效的优秀员工来和他们一起工作。他们得出一个结论：人才密度远比其他福利甚至一大笔签约奖金或者股票期权更有吸引力。优秀的同事、清晰的目标和明确的成果，这些因素形成一个强大的组合。

我们前面提到过，没有裁员过的企业还不是一个经历过磨难的企业，裁员的主要目的是削减成本，但是它给企业和员工带来的奖励（bonus）是人才密度的提升。

人才密度是一个相对的概念，因为它依赖于对"人才"的定义，以及如何测量、评估和分类员工的能力。对于不同的公司或行业，"人才"的定义可能会有所不同。例如，一家科技公司可能将编程技能视为"人才"的判断标准，而一家咨询公司可能会将战略思维或沟通能力视为"人才"的判断标准。因此，"人才密度"的定义在不同公司和公司的不同发展阶段可能会有所不同。

而员工的业绩分布呈幂律分布的特点，即少数优秀员工贡献了企业的大部分业绩，所以只要企业没有放弃对高贡献度人才的执着追求，招聘就一直会是一个难题，人才的价格也会节节攀升。

第二个悖论是，人才越少的企业，越重视人才。

说它是悖论，是因为事实正好相反。一般来说，人才越少的企业越浪费人才，这是人才趋优性的结果，优秀人才在一起的最终结果是优上加优，"优秀＋优秀"的结果是"优秀＋优秀＞2倍的优秀"；"优秀＋普通"的结果是优秀与普通的平均［（优秀＋

普通）÷2］。苹果公司CEO库克在2023年11月的一次播客采访中说"能够和那些能激发出你最佳状态的人一起工作，这种感觉非常棒，而且我们深信，一加一等于三"。他进一步解释说"你的想法加上我的想法比个人的想法要好不少"。这就是库克眼中"1＋1=3"的含义。

华尔街大约在20世纪中叶就领悟到了人力资本的趋优性，于是，它们多年来在招聘上保持着一种习惯——从最好的学校，招聘最好的人才。为了使优秀新人加入，企业要保持一定的流失率。原因之一是，总有人才被挖走和被淘汰（即便每个企业都注意保留人才，还是无法避免10%左右的流失率）。保持一定的流失率也是好事(流失率小于10%还是可以接受的)，能不断补充新鲜血液，还能不断有新的职位出现，让更多新员工得到晋升。

优秀的人在一起，其产生的价值会呈几何级爆发。如同尤瓦尔·赫拉利在《人类简史》所说，智人（homo sapiens）和动物的最大区别是，智人可以把学到的知识通过某种方式传递给群体，最后让所有人都学到这种知识，并传承下来。这也是几千年来，犹太人不断被穷追猛打但依然生生不息的原因，他们的自我学习和群体学习能力非常强大。

优秀的企业和一些人才聚集地如华尔街、硅谷和北上广深的企业把握住了人力资本的趋优特性，坚持用优秀人才去吸引和激励人才，它们在人力资源设计的时候充分考虑了这一点。

最初，跨国投行到中国来，并不知道哪些大学的毕业生符合投行的要求，因此，它们通过排名来选择学校。几年后，它们通过测算录取率和优秀率，进一步甄别好学校。它们始终坚持在最好的学校招最好的人。后来这些招聘高潜人才的方法被国内一些有人才发展眼光的企业所采纳，目前但凡行业头部和腰部的企业基本都有校园招聘的活动。

通过投行的一些具体做法，我们可以看出它们的人才选择观。

比如，淘汰中存优的做法。打个比方，投行每年招一个人，给这个人投入1元可以带来1.5元的收入；到了第二年，投行通过绩效发现有些人投入1元可以带来2元的收入，那么就把低回报的人淘汰。久而久之，激励使大家变得更优秀或者套用现在一个流行网络词，变得"更卷"。

高盛始终坚信，只有那些坚持不懈、才华出众的人，才能在高盛坚持到最后。从大学校园招聘开始，高盛就制定了一个又一个非常残酷的人员淘汰机制。每年，高盛都会从哈佛、普林斯顿、斯坦福、清华、北大等名校中招聘优秀毕业生进入公司做实习生，实习生中最后只有50%能被正式录取。在第一年进入公司的分析员中，只有40%的人能够升至经理，当然，能够最后升至副总裁、执行董事的人则更少。正是通过这种比一般公司更严格、更大面积的淘汰制，高盛确保了最后留下的人都是最顶尖的人才。

这10年来，优秀人才已经不仅仅聚集在华尔街、硅谷，中国的很多企业，像华为、腾讯等也有不少。这些招聘理念大多是相通的，这些企业的人才观也非常类似。

因此在我看来，时代在变化，但是优秀企业对人力资源管理的理念还是没有改变，它们所秉持的人力资本趋优的理念始终如一。

"明星"员工：企业的"生产者"和"领导者"

这里的意思并不是鼓励企业只重视"明星"员工，只是在陈述一个事实：不少企业有意识地将激励和奖励向这类人员倾斜。在明星制色彩比较浓厚的公司中，你很容易就能感受到谁是明星。

"明星"大家并不陌生：球场上那个关键性弧线的创造者，文艺作品中那个最耀眼的身影，就是明星。在投行，也有这样的呼风唤雨者，我们称其为"rainmaker"（呼风唤雨的人），这些人就是这类企业的明星。他们是那一群对公司最具将来价值[①]的人，是那些把持着关键职位的人，他们的行动牵动着投行的"财脉"。拥有尽可能多的"明星"是每个投行对人才的期望。有人可能会想：这不是搞个人英雄主义吗？投行不是也提倡团队合作吗？的确，投行也讲团队合作，也在平衡"明星"和其他员工的关系，但是，二八定律让某些投行对这个特殊的群体有着天然的渴望。

企业的明星分为两种。一种被称为"producer"，即生产者，他们给公司带来了最多的项目，对公司收入的贡献很大。他们践行"客户是上帝"的理念，有着良好的客户关系网络。这些人有一个特点：把客户的利益看得高于一切，对客户的诉求唯命是从。由于能力出众，他们会占用更多的公司资源。出于众所周知的原因，明星员工一般都不太注重对下属的培养，有时甚至被指责为不是好的团队合作者。但在强调明星文化的企业里，这一切似乎

---

① "将来价值"指当前价值通过增值在预期的"将来"呈现出的价值。正如投资看重的是将来价值而非当前价值一样，投行也注重人的将来价值，而非当前价值。

都不足以让他们的光环消失，因为他们为公司带来了太多的收益，而这些，别人不容易做到。

许多企业也意识到过于依赖几个明星员工，对企业的长期发展有诸多不利，但是多数企业面对这样的既成事实基本采取"无为而治"的做法。这些企业发现将资源向明星倾斜，也有它的有利一面，比如：

（1）创造努力工作和结果导向的明星文化，可以给其他人树立榜样，刺激或激励他人效仿。

（2）为明星员工提供特殊待遇会让他们感到被赞赏和认可，从而提高工作满意度和忠诚度，降低他们的流失率。

（3）给明星员工特殊对待会确保他们持续的高产出，帮助提升公司的业绩。

但是上面的做法会得到反噬，具体表现在：

（1）过度倾斜的做法会让有团队倾向的员工感到沮丧，他们看到自己努力地维护团队的利益，但没有得到相同的认可或奖励，从而导致士气低落和生产力下降。

（2）容易引发怨恨，导致工作场所文化不佳，团队冲突。

（3）过度依赖明星存在风险，如果这些员工离职，他们的离职会给企业带来长久无法填补的空白。

另一种明星被称为"leader"，即领导者。在业务方面，他们与生产者一样优秀，不同的是，他们非常有远见，很注重公司的长远发展。这些人往往是各部门的领导者或公司级别的领导者。

从企业分类来看，知识和人才密集型的企业，如律师事务所、会计师事务所、咨询公司和投行等这类公司的特点是，它们在与同业竞争时拼的不是资产负债表，而是只有人才能提供的问题解决方案。谁的解决方案好，谁就能获得客户的订单。人们经常风趣地说，这类公司的流动资产就是人，他们不是趴在账面上，而是每天流动于公司与客户、公司与家庭之间。如果哪一天他们不来上班了，这个资产就流失了。

对于作为知识密集型企业的典型代表之一的投行来说，"人"是最重要最核心的资产。有人对投行的"人"做了细分，强调投行是明星制的行业。如杰伊·W. 洛尔施（Jay W. Lorsch）和托马斯·J. 蒂尔尼（Thomas J. Tierney）在他们合著的《对齐明星》（Aligning the Stars）一书中曾提出："与其说专业服务公司靠的是'人力资产'（people asset），不如说它们靠的是'明星'。"

作者写到，大多数企业的成功都依赖于人才，但是对于知识密集型的企业如投行这类专业服务公司，它们对人才的依赖更甚。在这个行业，企业的成功关键更多地在于你所雇佣的员工，而不仅仅是你所服务的客户。换言之，才华出众的明星员工比深口袋[①]的客户更重要。确实如此，投行业务往往侧重于高度复杂的金融交易和战略性决策，这使得人才成为其最核心的资产之一。在这个行业中，曾几何时确实有一种强调"明星制"的观点，即特定个人的专业技能、人脉网络、经验和声誉对于公司的成功至关重要。

---

① 来自英文 deep pocket，意为钱包很深。

这种观点强调，优秀的投行人员通常被视为"明星"，因为他们的能力和业绩对公司的业务和声誉产生了深远的影响。这些"明星"可能是擅长交易、具有卓越洞察力的分析师，具有出色客户关系的投资银行家或者在特定领域拥有专业知识的人才。

《对齐明星》一书提出的观点表明，在专业服务行业，个人的影响力和能力有时候会显得比整体团队更为重要。但是，并不是所有投行都提倡明星文化，有的公司明星文化非常浓厚，有的公司则相对内敛。比如高盛公司不仅不倡导明星文化，反而会抑制明星的抬头，高盛的合伙人和历届CEO会全力以赴地维护企业的"We"（我们）文化，而不是"I"（我）文化。"你要想当明星，想天天出现在报纸上什么的，高盛是不会欢迎你的，因为这和企业文化不一致。如果你真这么做了，大家就会说你'爱秀'。如果你想事业成功的话，你就应该适应这里的文化。"[1]这句话出自约翰·温伯格，他是高盛的第二任CEO，他在1976年接任CEO一职，并一直担任这个职务到1994年。

一些崇尚明星文化的投行从20世纪80年代开始，也在公司培养了从"生产者"（producer）到"领导者"（leader）的企业文化，开展重塑价值观运动，将明星员工从生产者培养成领导者。通过360度绩效反馈工具改变明星的行为，给他们提供成长、发展和有效领导他人所需的机会。采用的方法包括但不限于以下几种。

---

[1] 摘自查尔斯·埃利斯的《高盛帝国》一书。

（1）发现潜在领导者：寻找不仅在当前岗位上表现出色，而且展现出具有强大沟通、解决问题的能力和愿意承担额外责任的优秀员工。

（2）提供领导力培训：提供专注于领导技能，如有效沟通、决策能力、冲突解决和团队管理等培训的计划或研讨会，为优秀员工提供转型为领导角色所需的工具。

（3）提供指导和辅导：将优秀员工与经验丰富的领导者配对，提供导师指导，使他们能够向经验丰富的专业人士学习并获得有关领导力的宝贵见解。

（4）分配责任：逐渐将领导责任分配给优秀员工，让他们负责项目、带领团队并做出决策。这种实践经验将帮助他们发展领导能力并增强自信心。

（5）鼓励持续学习：通过提供与领导力发展相关的资源、研讨会和培训课程，促进员工的学习和成长。鼓励优秀员工不断扩展知识，与行业趋势保持同步。

总体来说，投行的企业文化非常注重团队文化，但是也希望拥有越来越多的"明星"或者"群星"。通过严格的招聘流程找到潜在的"明星"并加以培养，不断提高企业的"明星"生产率，成为这些公司孜孜以求的目标。每家公司都有各自奖励"明星"和保留"明星"的方法，如快速的晋升和比同级高出0.5倍甚至1倍的薪酬等。

具有天资和潜能的人才可能成为"明星"。于是，投行在全球范围内展开了"明星"的搜寻，发现并寻找这些天资聪慧且具有良好潜能的人。经过近百年的实践，投行对"名校""学历""专业""驱动力"等通行的人才评估标准形成了自身独特的判断，极大地提高了寻找"明星"的信度和效度。

名校

投行对"名校"极为推崇，现在有更多各行各业的优秀企业加入了这个的行列。国内一些行业的领先企业已经将本科毕业于"985"或"211"高校作为简历筛选的关键因素，并将其作为是否能进入面试的关键条件（break or make）。虽然毕业于任何学校的学生都可以申请投行或这些企业的职位，但事实上，能进入投行的人往往是名校学子。

不论本科生、硕士生还是博士生，能考入名校的学生无疑其学业是非常优秀的。投行认为，这些在激烈竞争中胜出的学生，已经通过了天资的筛选。因此，是否出身名校，成为投行人才筛选的一个重要参考指标。

学历

"学历越高越优秀"似乎被大多数企业所认同。但在投行，本科生是被录用人数最多的。因为在全球的大学里，只有本科生的准入门槛是最高的。它就像一个喇叭形的漏斗，本科生的喇叭口是最大的，因此也是竞争最激烈的。

虽然学历本身不是唯一的筛选标准,但投行往往通过学历来评判应聘者是否具有天资。投行相信,能在高考这场浩大的竞争中胜出而考上名校的人基本都是优秀的。2023年10月5日的新闻对2023年39所"985"高校实际的录取人数与考生人数做了统计。2023年,"985"高校总计招收了21.6万名新生,占当年1291万的高考考生中的1.67%。2022年的这个比例是1.53%。[①]可见,选择名校的本科生作为企业候选人的人才池,从天资筛选这个方面来说,是有一定道理的。

相对于本科生,其他学历的学生如硕士研究生、博士研究生等,其考生竞争池相对较小,因此,这类优秀人才的集中度及优秀率也相对本科生较低。因此,投行对这些学生的关注度稍逊于本科生。在美国,排名前十的学校的MBA是仅次于本科生的招聘对象。但中国的MBA办学历史很短,入学选拔标准也与国外不同,这导致学生的水平参差不齐,优秀率也不是很高的,因此国内的MBA尚不是国际投行的重点关注对象。

在中国市场,由于名牌学校本科生的优秀人才集中度及优秀率最高,因此,投行更青睐于在名牌本科院校中进行校园宣讲和招聘活动。

---

① 鸡蛋强基计划综合评价.2023年39所985高校实际录取人数与录取比例统计[EB/OL].(2023-10-05)[2024-06-30].https://www.163.com/dy/article/IGA30BCV05366OU1.html

专业

在投行,并非金融、经济之类的热门专业才受欢迎。任何专业的应聘者,只要能通过严格的选拔程序,都会被考虑录用。但是这几年,随着越来越多的金融公司开始趋科技化和AI化,算法似乎正在成为快速取代人力的新的生产力。许多传统金融公司如投行、基金公司和对冲基金开始招聘越来越多STEM(science, technology, engineering and mathematics,即科学、技术、工程、数学)背景的应届生。值得注意的是,在许多情况下,并不是让有这些背景的员工成为传统的交易员或投资银行家,而是让他们去从事一些新出现的岗位,如与人工智能和机器学习相关的岗位等。

从2017年开始,投资银行喜欢称自己是科技公司。波士顿咨询的一份报告称,投资银行、对冲基金、共同基金所需要的新技能包括机器学习、预测性分析、云计算、机器人技术和自动化等。

投行是一个强调潜能的行业。从优秀人才的分布来讲,限制专业相当于限制了部分很有潜力的人才。从业务特点来讲,投行是为各个行业提供专业服务的,客观上需要各个领域的专业人才。总的趋势是拥有STEM背景的员工比例正在逐年上升。密歇根大学智能基础设施金融中心主任彼得·阿德里安斯(Peter Adriaens)教授在美国工程教育协会的一份出版物中指出,在华尔街有近30%的新一代交易员拥有工程或数据科学学位。其实,这也是其他行业的趋势,这是因为AI正在成为一个快速发展的生产力。

英国《金融时报》报道,从2018年开始,摩根大通银行已经开始要求其资产管理部门的所有员工参加强制性编程课程学习。目前该集团的分析师和员工中，有1/3已经接受过Python编程培训，而数据科学和机器学习课程也在制定之中。该行的资管经理玛丽·卡拉汉·厄尔多斯（Mary Callahan Erodes）甚至把编程语言表述为更重要的资产——"现代资产管理的唯一语言是编程语言"。为了强制普及编程语言，现在摩根大通的资管部门员工可以和科技部门一样使用编程语言，这样有助于开发更好的理财产品以服务客户。

成功招聘的双重境界观

记得早年被猎头推荐去接受某家国际投行的面试，我原本犹豫不决，但后来转念一想，不妨体验一下这家投行的招聘流程。让我欣喜的是，几轮面试让我越来越觉得这家投行是一家非常吸引人的公司。我想，如果去这样的公司工作，那该是一段很有收获的经历。

该公司招聘中的许多细节都给我留下了很深的印象。比如：预约面试时，会先发短信询问我是否方便，而不是直接就把电话打过来。很多人可能会好奇：他们为什么不直接打电话约面试？效率不是更高吗？其实不然，原因很简单：（1）候选人也许从来不接听陌生人电话；（2）候选人正在忙于手头的事情无暇接听电话；（3）即使候选人接听了电话也无法完整无误地记录下面试的时间和地点。所以优秀企业一般都是通过邮件跟候选人约面试的时间和地点。

面试时，每一位面试官都会首先热情地向我介绍他们的企业文化和价值观，之后才会深入挖掘我对所应聘职位的胜任力，了解我的经历和想法，从头到尾都不会讨论薪水问题，那是在招聘的第二环节才讨论的问题；在谈到公司文化时，每个人都充满了自豪和激情。整个面试过程让人感到自己是一个客户而不是一个应聘者。（当然，在人力资源界有一个对不好的企业的经典自嘲：一个新人在加入公司不久后找到人力资源部诉苦，说面试的时候自己对公司的印象非常好，但是加入公司后却感觉有天壤之别；人力资源部回答说，因为加入前你是客户，加入后你是员工。）我想，即使我最终没有被录用，也不会对该投行有任何不快的感觉。如果所有企业在招聘时都能始终如一地介绍自己的企业文化和价值观，让新人尽早了解这些，对吸引新人将会大有裨益。

在我收到聘书（offer）后，我的上司及时地打电话给我，询问我的想法。对我提出的所有问题，她都非常认真地做了解答。之后，我的更高一级的上司也在周末给我打了电话。我跟她分享了我面试时的感受，她很自豪地告诉我："在公司，我们已经找到了吸引人的'配方'（她用了"people formula"这个词）。"当时，我没有细问这个"配方"是什么，但我知道，有一种结构很好的隐形流程在起作用，它让每位应聘者都有很好的体验。

通过这些经历，我对成功和失败的招聘得出了这两句话的总结。**成功的招聘就是：让入选者觉得机会难得，让落选者觉得不**

柱此行。这样,内部人才和外部人才就都保持了对该企业的持续向往。**失败的招聘就是:让入选者觉得不过如此,让落选者觉得不加入也罢。**

招聘境界之一:获取合适的人才

一般来讲,招聘就是按照组织的岗位设置及供给情况确定人才需求并根据岗位的任职资格和胜任力指标甄选出符合要求的人才,以满足企业正常经营的需要。获取合适的人才是招聘最直接的目的,也是大多数企业用来衡量招聘是否成功的依据。然而,如果招聘仅仅停留在满足企业短期的人才需求上,停留在企业单方面的满意度上,那么招聘所应产生的积极效应就会被无意识地抑制了。

招聘境界之二:对人才形成持续的吸引力

招聘是企业和应聘者的双向选择过程。关注应聘者的面试感受对企业招聘非常重要。优秀的企业把应聘者当作自己的客户,在整个招聘过程中都给予其人性化的关怀,并努力让应聘者了解、感受并融入企业文化。企业的品牌塑造是招聘的重要内容之一。

将企业文化及品牌理念的宣导渗透到招聘流程中,这就使得招聘不仅仅停留在供求双方的博弈上,而且还成为应聘者感受企业文化的体验。正如我们提倡要与客户进行重复性交易(repeat business)一样,招聘带来的美好体验会为企业赢得忠诚的应聘者，这将给企业带来良好的口碑，甚至商业机会，而落选的应聘者也可能会成为企业未来所需的人才。

关注企业与应聘者双方的满意度，才能成就一次成功的招聘。优秀的公司无一不对招聘倾注了大量的人力、物力和热情，以确保每个应聘者的第一体验都是美好的。正如我们常说的，管理从招聘开始。成功的招聘对员工忠诚度的培育，对人才的保留、激励和发展都将产生积极而深刻的影响。

关于招聘的方法论

那么，如何才能获得优秀的人才呢？

前文讲过，方式之一就是直接招聘，即校园招聘，就是企业直接从人才供应的一级市场（学校）招到合适的人。这些人可以从公司最底层一直做到最高层，因此这种方式也被称为纵向招聘。另一种方式是间接招聘，就是从社会上招人。正如企业也是通过直接融资和间接融资两个典型渠道来获取企业的金融资本，直接融资就是通过资本市场融资（类似校招），间接融资就是通过中介机构如银行获得金融资本（类似社招）。

企业完全通过校园招聘来补充人力资源是最理想的状态，因为这样可以确保每个人对企业文化和价值观的理解高度一致。但要达到这种状态比较困难，因为企业如果要在新的地域发展业务，就得从社会上招聘了解当地市场的人，这就需要间接招聘，即从竞争对手或其他经营单元（或二级市场）处获取所需的人力资源。间接招聘也被称为经验招聘或横向招聘。作为全球化企业，投行到他国发展业务的时候，间接招聘是首选策略，因为多数公司的全球化战略都是"本地业务用本地人"（local for local）的策略。

观察不同的招聘方式所引入的人才，可以衡量一个企业的人才战略是否成功。

假设某个企业所在的市场是相对饱和的，或者企业没有进行重大市场拓展的打算，在这种情况下，如果企业主要通过直接招聘获得人力资源，那它就是一家非常好的公司。

因为这表明，企业通过直接招聘即从校园招人，就可以获得非常好的人力资源来支撑企业的发展。这可以说明两件事情：第一，企业的业务知识和经验沉淀非常到位，能把招进来的新人培养成非常优秀的员工，企业要的不是员工的经验，而是员工的智慧和学习能力；第二，被招聘者接受企业的文化，企业能获得很纯正的"蓝血"，并造就"蓝血文化"[①]。

在同样的情况下，企业如果总是通过间接招聘获取人力资源，这说明企业对人才的保留出现了问题，导致业务知识和经验流失量过大，已经无法通过直接招聘来满足自身的业务需求了。

我在中金时曾分析过当时中金的人才获取途径。2003年，中金50%的人员是通过直接招聘获得的，另外50%是间接招聘获

---

① "蓝血"是一种社会地位的象征，人们常用"蓝血"来代表欧洲贵族或名门出身者。历来，西方人用"蓝血"泛指那些高贵、智慧的精英才俊。在过去的20多年中，一些军人出身的中国企业家把军队管理的特质运用到企业管理中，他们被称为"蓝血"企业家，由他们塑造的企业文化被称为"蓝血文化"。——编者注

得的。对一个在全新行业里成立仅仅7年的企业来说，我认为这样的成绩还算令人满意。为什么这么说？因为中金是一家高速发展的企业，而且投资银行市场并没有饱和，正在快速扩张。相比较而言，华尔街投行的大多数人才都是通过直接招聘获得的。外资投行在美国基本上采用直接招聘方式，因为美国的市场相对饱和；而这些企业在中国则更多地采用间接招聘方式，因为在中国需要当地的专家。反之亦然，随着中国企业走出国门，中国企业在海外市场也一定是以间接招聘为主，因为我们也需要了解当地市场的人才，就是上面提到的"本地业务用本地人"的人才策略。另外，这个人才策略也符合越来越多企业所倡导的"多样性"（diversity）人才背景的趋势。

比如我们所说熟悉的华为公司，在它官网上就有关于人才背景多样性的陈述：

作为一家全球性公司，华为重视员工的多样性，并致力于创建一个包容性的工作场所，让所有员工都能享有平等的机会。截至2022年底，华为有来自162个不同国家和地区的约207,000名员工。我们也非常重视海外业务本地团队的发展，2022年，我们在中国以外的办公室雇用了超过4,000名本地人，其中63.8%的员工是本地招聘的。

在2022年程序员节的上海女性科技沙龙上，华为发布了其第一份提倡人才背景多样性的白皮书，并推出了新的多元化倡议，呼吁企业为社会公平和多元化做出更多贡献。

企业提倡人才背景多样性有许多主要原因。

创新：不同的背景、经验和思维方式有助于创新。如果所有的员工都有相似的背景和经验，那么他们可能会有类似的思路和想法，这可能会限制创新。人才背景多样化团队可以提供更广泛的观点和想法。

展现包容性：提倡人才背景多样性的企业通常被视为更进步和开明的企业。他们尊重并接纳所有不同背景、性别、性取向、种族和宗教的人。这不仅对内部员工有好处，也能吸引更多的客户，因为人才背景多样性和包容性对许多消费者来说很重要。

改善企业声誉：积极支持和增进人才背景多样性可以帮助企业在社会上塑造积极的形象，提高其声誉。

招聘优势：如果一个企业被认为是支持和接纳人才背景多样性的，它可以吸引来自各种背景和有各种技能的求职者。

提高员工满意度和敬业度：如果员工感觉被接纳和尊重，无论他们的背景或身份如何，他们通常会对工作更满意，并更愿意为公司贡献力量。

更好地服务多元化的客户群体：提倡人才背景多样性的企业通常能够更好地理解并满足不同背景的客户需求。如果中国企业走出国门，要服务好当地的客户，最好的方式之一就是招聘了解客户需求的当地员工。

虽然越来越多的企业开始重视人才背景的多样性，但是不会在价值观的高度认同性方面打折扣，毕竟企业是要通过价值观来制定行为规范的。

直接招聘怎么做

直接招聘也就是校园招聘，在计划经济时代，校园招聘被广泛用于政府公务员及国有企业的人力资源补给。校园招聘的含义就是从学校获得合适的人选。在招聘过程中，用人单位和学生并没有建立广泛、深入的接触和了解，只是学校根据主管政府部门的要求，推荐或分配学生到专业对口的单位。20世纪90年代，外资大量进入中国市场，各种性质的企业也争相涌现，它们都把目光转向了学校这块人才的处女地。企业对优秀人才的争夺、人才对优秀企业的向往，赋予了校园招聘更多使命。于是，一些企业开始走进校园，主动展示企业品牌形象以吸引优秀人才。

有些行业在校园招聘方面做得很好，如投行。这是由于投行是一个学徒性质的行业，而应届毕业生是最佳的"学徒"。这些"学徒"正处于一个脑力和体力最佳的时期，聪明好学、精力旺盛，可以全身心地投入工作，而且是"白纸"一样的职场新人，头脑中的条条框框少，可塑性非常强。在"以老带新"的过程中，他们可以很快地"青出于蓝而胜于蓝"，企业"明星"和"领导者"也会由此诞生。

更重要的是，学校源源不断的人才产出为人力资源优化提供了充足的来源。在层层筛选、级级优化的过程中，这些学生的"明星"特质逐渐被激发或显露出来。投行会采用各种方式对这些潜在的"明星"进行悉心培养，并建立"事业发展提升"计划（accelerated career advancement program）来解决这些优秀人才可能离开公司读书深造的问题。这些人可以从公司最底层一直做到最高层，投行把这类人称为"homegrown"，用中国传统的说法就是"嫡系"。到目前为止，这也是各大投资银行的高层基本都是来源于校园招聘的原因。

招聘流程

严格的招聘流程是保证招聘质量的关键。一般来讲，投行的招聘遵循这样的流程：择校—造势并发布招聘信息—接收并筛选简历—面试（三轮）—发聘书。

1.择校

每年年初，人力资源部都会与各个业务部门沟通，采集各部门的校园招聘需求及其对候选人的基本要求，确定各部门参与招聘的人选和本年度暑期实习生与应届毕业生招聘总人数，在此基础上再结合市场情况，确定选择哪些大学、哪些院系作为主要的招聘会场。

在成熟市场，人力资源部一般会根据历年数据（如学校的产出率、对公司的贡献度等）来选择学校；而在新兴市场，由于缺乏历史数据，口碑往往成为选择的主要依据。

优秀率的计算

关于简历数量及学校数量的确定，我曾做过一个统计，名牌学校的优秀率接近2%。在中金工作时，我也曾统计过这一数据，大致如此。这样，我们在做招聘计划的时候，就会大致判断，如果要招10个人需要收集多少简历，需要去几所学校进行招聘。

上面提到的优秀率也可以理解为录取率，通过录取率和明年的招聘目标，人力资源部可以很容易计算出合格简历池的数量。比如，如果明年的招聘目标是100名应届毕业生，录取率定为5%，那么合格简历池里至少要有2000份简历（100÷5%）。通过一轮电话面试和两轮现场面试，每一轮的淘汰率各为40%、65%、65%，就可以首先筛选出150个合格候选人。第一轮先发出100份聘书，如果有拒绝聘书的候选人出现，再从剩余的50人中发出第二轮聘书。通过这样的流程安排，人力资源部可以高质量地完成校园招聘任务。

2.造势并发布招聘信息

校园招聘有着特定的招聘时间。教育部曾于1999年下发有关通知，规定"用人单位到高等学校招聘毕业生的活动应安排在每年11月20日以后的休息日和节假日进行"。但有些企业在每年的10月就开始以召开校园宣讲会等形式在校园进行品牌宣讲，发布招聘信息，以尽早地接触、发现并吸引优秀学生前来应聘。近年来，国内企业校园宣传的目标群体不断扩大，它们不仅关注应届毕业生，甚至从新生入学就开始帮助其了解自身所在的行业和公司。为抢占先机，赶在竞争对手之前，企业每次制定的招聘时间也都会尽可能地提前。

校园招聘也有着特定的招聘对象。只有距离毕业不到一年的应届毕业生才是校园招聘的对象，而非所有无经验的学生。错过招聘时间的学生往往在无形中被纳入了经验招聘的渠道，"没有经验"这一优势因渠道的选择错误而变成了劣势，从而使其丧失了竞争力。

3.接收并筛选简历

应聘者根据公司接收简历的要求，登录公司网站，在线填写并提交简历。人力资源部会把收到的所有简历按照业务部门对候选人的硬性指标要求进行筛选。筛选标准一般有：

（1）是不是目标院校的学生。

（2）GPA[①]或者所在国大学生的评级体系，如中国的百分制评分体系。学习成绩是否优秀是首要筛选标准。头部企业的一般做法是，先按GPA3.75以上的成绩来筛选，其次为GPA3.5，人员未招满时GPA也会降到3.45。

（3）是否有企业所属行业或类似行业头部公司的实习经验。

（4）本科还是硕士（有的企业倾向于本科，有的倾向于硕士，但是顶级优秀的企业，对好的本科学历的青睐度似乎要甚于一般的本科学历＋好的硕士学位的组合）。

（5）其他硬性指标或加分项，如行业公认的专业资格证书等。

4.面试

面试是招聘流程中一个非常关键的环节。面试通常分为电话面试、第一轮面试、最终面试三个阶段。重视招聘的优秀企业一定不会在这三个环节中含糊任何一个环节。许多公司会成立类似招聘委员会这样的机构，由公司选派优秀人员组成。

记得1996年中金也成立了招聘委员会，入选的成员都有自豪

---

① GPA：平均绩点，通常指平均学分绩点。某些学校采用学分绩点制对学生的学习质量进行评定，平均学分绩点是主要考察指标。——编者注

感，因为他们觉得自己是公司的"标杆提升者"[1]。这里我引用了亚马逊"bar-raiser"的概念，虽然成立于1994年的亚马逊当时只有两岁，但是创始人贝索斯已经成立了"标杆提升者委员会"，委员会成员会对所有候选人做最后一轮的面试，决定其是否被录取，这个标杆提升面试环节直到2022年才逐步淡去。因为面试也需要时间，对一个在2022年达到148万名员工的企业来说，管理的产出和时间投入比也是要考量的，因为每天的时间资源是有限的。招聘委员会的宗旨就是确保A选A，避免或减少A选B和B选C的"武大郎开店"模式的发生。

关于面试，首先，人力资源部会对简历合格的学生进行电话面试，以了解应聘者的英语口语水平（有国际视野的企业）、逻辑思维能力和语言表达能力。

之后，通过电话面试的应聘者会被安排参加第一轮面试。第一轮面试通常由潜在的同事担任面试官。面试之后，面试官会给应聘者打分。[2]打分结果有三档：第一档，必须招聘；第二档，招聘；第三档，不予考虑。如果面试官都选择了"必须招聘"，则该应聘者就直接进入最终面试。

最终面试会由级别较高的主管担任面试官。如果50%以上的面试官选择了"不予考虑"，则该应聘者就会被淘汰。

在一般情况下，用人部门会指定至少十几位面试官，来"网

---

[1] 标杆提升者即"bar-raiser"。成为"bar-raiser"说明这些人是公司的标杆，要按他们的标准选人。
[2] 详见表4-2、表4-3。

罗未来的人才资产"。每一次的面试时间从40分钟到1个小时不等。优秀企业的面试主要采用能力素质（competency-based）评估方法，或称之为发现候选人KBI的面试方法。面试官会提大量问题，以考查应聘者在分析能力、沟通能力、决策能力、主动性、人际关系、判断能力、领导能力、对产品知识的掌握、销售技能、团队精神等方面的技能和潜能。这些都是企业的核心胜任能力（KCI）。成功的面试不是面试官提问和应聘者应答的单向反馈过程，而是相互交流和对话。如果应聘者能够非常睿智地提问，抑或讲述一些特别的经历或新鲜的观点激起面试官的提问兴趣，就会在面试中表现得非常好，因为这也是面试官判断其能力素质的重要依据。

优秀企业坚信，通过一对一的面试来甄选应聘者仍不失为唯一有效的工具。许多公司把笔试作为一种重要的筛选工具，以测量或评估应聘者的智商、知识储备水平及其他基本素质。还有一些筛选工具，诸如无领导小组讨论、文件筐测试、商业游戏等甄选工具也很流行。但优秀企业依然青睐于一对一的面试，因为这是最能发现应聘者真我状态的面试方法，它最能够体现人类通过多模态器官来感知和了解事物的习惯。投行对一对一面试就坚信不疑，投行相信：20个一对一面试所形成的结论要比20个人同时面试一位求职者效果更好。HR会对20位面试官一对一的面试结果进行统计。这种面试方法，虽然时间成本很高，但是准确度也很高。很多公司把招聘外包，或只进行最终面试；但优秀企业永远不愿把校园招聘外包，因为校园招聘对它们而言，具有非常重大的战略意义。

表4-2 胜任力面试题举例

胜任力	提问
一、分析能力：掌握相关的财务和数据分析技能，善于利用数据分析问题，从而形成有助于定义问题的方法和创造性的解决方案。	您认为您最善于解决哪些类型的问题？给我举一个例子，说明您是如何做到这一点的。 追问：事件的背景是什么？您是如何制订计划的？最终结果如何？ 您的主管要求您收集有关消费品行业某一类产品的信息，您将如何收集信息？请一步一步地说明您将如何处理此任务。 您做数据分析的时候一般采用什么工具和手段？请详细描述一下使用的方法。
二、沟通能力：掌握一定沟通技巧，能够根据受众灵活调整沟通方式，通过有效方法获取他人的信任、支持或协作。	您一般都和哪些团队合作？如何判断在什么情况下涉及哪些合作方？面对合作方不配合/情绪波动大/资源有限导致事情无法推动的情况，您是如何处理的？ 描述一个和最重要的客户/合作方沟通的经历或被客户挑战的案例，并说明自己是如何应对的。
三、学习能力：善于从过往的知识、经验或复盘中快速学习、快速应用；能够拥抱变化，对新事物抱有好奇心且主动探索。	请分享一个过往失败的案例，以及您是如何应对的。如果有机会重新做这件事情，会使用什么不一样的方法？ 近期有学习过什么知识/关注了哪些行业趋势？您是如何将其运用到日常工作中的？ 在过往的工作中，有没有尝试使用新方法解决问题？当时的思路和最终的效果如何？
四、自驱力：能够从长期视角设定并基于"客户服务意识"规划目标；在困境或挑战局面下也能够坚韧乐观并持续尝试以达成结果。	过往经历中最有挑战/最有成就感的一个项目是什么？介绍下当时的背景、原因和结果。 过往为自己制定过什么目标？为达成目标做了什么？结果如何？ 您做出的判断中最大的错误是什么？为什么会造成错误？您是怎么从错误中走出来的？追问：事件的背景是什么？越具体越好。

续 表

胜任力	提问
五、团队精神：帮助跨部门合作，与部门内外的其他人都能良好的合作，强调团队贡献的作用而不是个人的作用。	请认真思考后谈一下您对团队精神的理解，越具体描述越好。可以举例说明。 请描述一次您通过掌控并协调局面，带领团队完成目标的经历。 追问：您在其中扮演的角色是什么？在处理过程中您遇到了什么问题？您是怎么处理的？ 请描述在一次特别困难的团队任务中，您带领团队理清思路、找到解决办法的例子。 追问：当时的团队成员是怎样的？遇到了哪些问题？您的具体举措有哪些？ 请描述一次您与他人发生冲突，并合理解决的经历。 追问：当时的冲突是怎么发生的？您做了哪些工作？结果怎样？对方如何评价？ 现在是星期五晚上8点，当同事来找您寻求帮助时，您刚准备回家，您会怎么做？
六、管理能力：能够整合内外部资源，解决多方协作的困难，提升跨部门合作，促进多方达成共同目标。	请描述一次您和多个部门一起完成任务的经历。 追问：事件的背景是什么？您在其中扮演的角色是什么？在此过程中遇到了什么问题？您是怎么处理的？ 从简历上可以看出您有带团队的经历，请您说一下您是如何管理团队的绩效的。请陈述一下您的管理方法和使用的管理工具，流程是怎样的。 追问：先描述一下团队的组成、您的业绩管理的理念是什么？用了什么方法和工具？越具体越好。 给我举一个例子，说明您负责启动的项目，您做了什么，结果如何。 （通过候选人的回答，看他是如何构思项目中涉及的目标，以及他是否在项目启动时展示了规划和组织工作的能力。让他通过具体的案例来陈述项目的推进和结果。） 在开始一个新的项目或分配工作时，您需要多少信息？ 追问：请举一个具体的、最近的例子来说明问题。

续　表

胜任力	提问
七、行业/专业知识：深谙本职工作，在专家与通才方面更接近专业人员特点。熟练掌握做好本职工作的主要技能、知识和具有深度的岗位经历。	请简单评价您对当前工作的胜任度，您的优势和不足是什么。 （这个范畴的提问非常重要！要真正挖掘候选人是否具备胜任目前岗位的能力、知识和经历。因为招聘的关键是招聘者是否拥有企业所需要的技能。可以通过追问让他列举三个胜任目前岗位的关键技能，掌握的程度如何，如何提升。） 追问：您能否列举三个胜任您目前岗位的关键技能？你掌握的程度如何？如何提升？ 请您描述一下您的典型的日常工作，您是怎么做的，使用的工具是什么。 追问：在过程中你用到的最多的技能和知识是什么？有哪些挑战？您是如何解决的？
八、风险意识：具有风险意识，建立风险控制体系，以应对组织重大突发事件的风险预防、识别和危机解决。	请描述一件您应对突发风险事件并妥善解决的事例。 追问：事件的背景是什么？您在其中扮演的角色是什么？在此过程中您遇到了什么问题？您是怎么处理的？
九、商业能力：目标导向、追求卓越业绩的达成，能够敏锐发现潜在业务机会，并以快速坚定的行动和执行来抓住机会。	请描述一个您发现潜在业务机会，并将其转化为业绩的事例。 追问：事件的背景是什么？您觉得在整个过程中有哪几个关键节点？您是怎么处理的？ 请描述一下您目前所在公司的业务特点，您的作用是什么，您是如何做出您的业务贡献的。 请描述一次您在当前创收业务工作中遇到的最受挫的经历是什么。 追问：事件的背景是什么？后来您是怎么解决的？您得到的启发有哪些？

续 表

胜任力	提问
十、投研能力：对市场、数据具有敏锐度，能够通过分析得出有效信息，以支持业务的发展。在专业领域持续深入学习，高度重视工作质量。	请描述一个您坚持自己的主张，并推动任务成功的事例。 追问：事件的背景是什么？您当时的想法是怎样的？其他人如何评价这件事情？ 您是如何关注和跟踪市场变化的？请描述一件您感兴趣的近期跨境电商行业发生的事情。 追问：您如何看待这件事情？这件事情对您当前工作的启发是什么？ 请简单讨论一下跨境电商行业的商业机会在哪里，以及为什么。
十一、推动成功：高度以目标、过程和结果为导向，推动团队目标转化为有效的行动，并通过高效的行动力来推动成功。	您在面对工作调整事件时，遇到过哪些问题？是如何调整的？ 追问：当时的背景是什么？结果如何？

表 4-3　面试评估表

胜任力	评论	评分				
		1	2	3	4	5
表达能力						
决策能力						
主动性						
人际关系						
判断能力						
领导能力						
员工管理能力						
绩效管理						
解答问题						
对于产品的知识						
销售技能						

续 表

胜任力	评论	评分				
		1	2	3	4	5
团队精神						
综合评价						
录用意见	□必须招聘　　□招聘　　□不予考虑					
签字栏	签名：　　　　日期：　年　月　日					
备注：请评估人在对应栏内打√。打分为5分制，2分以下不予考虑，3分为平均分，4分为达到标准，5分为超出标准。						

5. 发聘书

面试结束后，人力资源部会汇总评论结果，根据打分情况，确定最终的录用人选，并发出聘书。在一般情况下，人力资源部会将录用人选分成两个梯队，以确定哪些人优先考虑录用，哪些人次之。如果第一批聘书有被拒的情况，人力资源部就会根据需要发第二批聘书。

如果人力资源部将直接招聘提前，就有暑期实习生计划。

由于竞争加剧及对校园人才的渴望，企业将校园招聘的日期不断提前，并创造性地运用各种工具发现适合的人才及潜在的"明星"。

其中，暑期实习生计划是应用很广泛的校园招聘工具。很多企业在学生毕业前一年就开始了人才的甄选，招募优秀的学生在暑期提前进入公司进行短期的工作体验，这些学生被称为暑期实习生（summer intern）。企业对暑期实习生的候选人有严格的规定。如果学制是4年的本科，入学第3年的学生才符合要求；如果学制是2年的研究生，则是入学第1年；如果学制是1年的研究生，学生在第一学期就应该开始寻找实习机会了。暑期实习生计划以潜在招聘为目的，其招聘流程同应届毕业生的招聘流程是一样的，只是招聘时间一般安排在第二季度。

暑期实习生实习结束后，人力资源部会组织评估流程。如果100%的评估人都选择了"必须招聘"，这个暑期实习生马上就会被录用为正式员工。一般来说，能够加入投行进行暑期实习的学生，已经有50%～80%的概率成为正式员工。

走出实习误区

误区一：实习生是廉价劳动力或免费劳动力

我在招聘中经常会遇到一些学生，他们会讲："给我实习机会吧，我不要工资都可以。"对于这样的学生，我们一般不会录用，因为他们不够自信，似乎缺乏实力。暑期实习生计划并非以提供实习机会为目的，而是以潜在招聘为目的。在成熟的企业，暑期实习生完全被当作正式员工来对待，工资和正式员工也是一样的。

也有这样一些企业，它们会告诉学生："你可以来实习，但没有工资。"这说明这家企业还没有认识到暑期实习生计划的真正价值，把实习生当成了免费劳动力。这样的企业可能不是一家很好的企业。

误区二：盲目实习

我经常会看到这样的简历：这些学生做过餐馆服务生、图文社打字员、超市促销员等，实习经验很"丰富"，但非常混乱，没有一条主线。这样的简历是没有竞争力的。实习经历并非以多为好，杂乱的实习经历可能无法说服企业，无法让企业认为你是很有思想、有明确职业兴趣和发展方向的优秀人才。

> 事实上，实习经历是投行筛选简历的重要标准。拥有投行或者咨询等其他专业服务公司的实习经历的学生将非常受欢迎。
>
> 经营好你的实习经历，相当于成功地迈出了求职的第一步。

招聘效果评估

招聘结束后，人力资源部会对招聘情况进行总结、分析，对历年数据进行对比，评估招聘效果，并根据需要改进招聘流程。常用的评估指标有暑期实习生转换率、学校产出率、聘书被接受率等。

1.暑期实习生转换率（conversion ratio）

暑期实习生成为员工的比例是企业非常重视的一个评估指标，一般用转换率来表示，即最终成为员工的暑期实习生人数与暑期实习生总人数的比率。例如，公司招聘了10个暑期实习生，有5个被录用，那转换率就是50%。在一般情况下，转换率能达到45%～50%就是正常的。

2.学校产出率（school yield）

学校产出率即该校被录用人数与收到该校的学生简历数量的比率。这个指标会为招聘会场的取舍提供参考。如果一所大学的学校产出率每年都很高，那么该校就会成为重点招聘会场；反之，则会被放弃。

3.聘书被接受率（offer closing rate）

聘书被接受率即被接受的聘书数量与发出的聘书总数的比率。由于各公司对优秀人才的竞争很激烈，聘书被接受率往往达不到100%，这也是之前提到的分两个梯队发聘书的原因。但是，优秀企业最喜欢这类被"你争我夺"的优秀人才,因为这些人很可能会成为未来的"明星"。校园招聘流程到位的公司,最终拿到聘书的人,基本还会收到3个以上其他公司的聘书。如果收到聘书的候选人都有2个以上的聘书在手,说明公司的校招流程是有效的,如果所有候选人都没有其他公司的聘书,那就要反思公司的校招流程了。

> ### 评估聘书被接受率
>
> 　　一般来说,如果聘书被接受率低于70%,就需要分析是招聘的哪个环节出现了问题。常用的评估方法是:人力资源部向接受及拒绝了聘书的学生发放调查问卷或进行电话采访,了解并分析可能的原因。
>
> 　　为保证被调查者能够如实客观地填写问卷或接受访谈,人力资源部会向被调查者说明用意,并承诺所获信息仅作为人力资源部分析的参考数据,不会向第三方透露。这些原始材料甚至不会呈递公司管理层。
>
> 　　调查分析的结果会被用来有针对性地改进招聘流程。如果调研发现面试人员的技巧有问题,那么人力资源部就会组织相关的培训以提升面试人员的招聘技巧。与传统行业不同,薪酬一般不是聘书被拒绝的主要原因。在华尔街,校园招聘的薪酬水平基本是公开的,吸引学生的往往不是薪酬,而是优秀的企业文化和培训。

4.学校的贡献度

人力资源部可以通过统计各学校被录用的人数并对比这些数据，从而得出对该次招聘贡献最大的学校。学校的贡献度是校园招聘会场选取的重要依据之一。其计算公式如下：

学校的贡献度 = 该校被录用人数 / 被录用总人数

5.学历的贡献度

学历的贡献度是投行制定并调整校园招聘重点与招聘策略的重要依据之一。其计算公式如下：

学历的贡献度 = 该学历被录用人数 / 被录用总人数

6.市场竞争力

根据招聘效果及聘书的被接收与被拒绝情况，人力资源部会对当年的校园人才市场进行分析，以期保持并不断提升公司的市场竞争力，避免公司与竞争对手在人才争夺中处于劣势。

成功的校园招聘不仅是一个招募到合适的人才的过程，更是一个塑造企业品牌的过程。企业通过招聘自然体现出来的企业文化及理念，会使企业品牌宣传事半功倍，在一定程度上影响着企业在校园人才争夺战中的竞争力。

一家企业经营的好坏，可从其使用校园招聘的程度和方法中略见端倪。我认为，如果一家企业70%的人员补充是通过校园招聘获得，那在一定程度上说明这家企业的人力资源战略是相当成功的，它的人力资本流失率极低。人才的留存可以有效地防止企业知识和经验的流失,而知识和经验的延续和留存反过来又能够使企业迅速通过自身的资源培训出更多校园招聘人员来为客户提供专业的服务。这就是我们常说的,并希望达到的企业人力资源配置良性循环。

如果一家企业80%以上的人员都是通过经验招聘获得的话,那这家企业可能需要重新定位它的人力资源战略,因为它的人员流失率太高了或者太不重视潜力人才的招聘和培养,除非它刚刚起步或刚开始一个新兴市场的业务,不得不招聘大量有经验的当地人员充实队伍。在成熟市场中,如果一家企业与同行相比通过校园招聘的员工比例低于其他企业,那么这家企业在人力资源管理上就还有提升空间。

间接招聘怎么做

经验招聘怎么做?在理想的状态下,企业应该只通过直接招聘即校园招聘获取其所需的人力资源,但由于企业迅速扩张的需要而从事跨区域和跨国度的经营活动,不得不开辟更多的招聘途径以获取其所需的人力资源。另外,企业在锲而不舍地培养"嫡系明星"的同时,对市场上的明星也"虎视眈眈",这就需要企业进行间接招聘,即经验招聘。

经验招聘是企业获取人才的另一重要方式,包括内部渠道和外部渠道。内部渠道主要通过企业内部的人员调动、晋升来实现,外部渠道主要通过员工推荐、猎头服务、移动App和在线广告招聘等方法来实现。经验招聘不仅满足了企业对人才的即时使用性、及时性的需求，同时也为企业带来了其他企业新鲜的知识和经验。

招聘流程

一般情况下，经验招聘流程是：发布招聘信息—接收并筛选简历—面试—发聘书。

1. 发布招聘信息

根据业务开展的需要及人员流动情况，人力资源部会及时收集招聘需求，并通过内部邮件、公司网站、专业招聘网站等渠道发布招聘信息，或借助猎头服务。与校园招聘相比，经验招聘信息的受众相对分散，因此，开拓多样化的信息发布渠道，对促进招聘效率和招聘质量的提高有很大帮助。随着移动互联网的大量普及，招聘市场上出了不少高效的既方便企业也方便应聘者的App，有效地缩短了人才供需双方的信息鸿沟，在增加人才流动性方面起到了促进作用，同时也增加了企业保留人才的压力。

2. 接收并筛选简历

人力资源部收集员工推荐的简历、猎头推荐的简历及通过网络等渠道投递的应聘者简历，根据各岗位对经验及其他硬性指标的要求进行筛选后分送用人部门进行进一步筛选，以确定面试候选人。

是否具有特定的经验是经验招聘的主要甄选标准。校园招聘是前台部门[①]获得人力资源的主要途径，经验招聘则被用作后台部

---

① 前台部门是为客户提供服务的部门，主要包括投资银行部、销售交易部、研究部等。

门[1]获得人力资源的补充途径。在投行中，后台部门被普遍认为应具有当地色彩。因为后台部门承担公司风险管理、当地政府关系维护等职能，要求应聘者非常了解当地法律法规。只有通过经验招聘而来的人才有这方面的知识，而且这些知识是公司本身不能自动产生的。

一般来说，经验分为行业经验和专业经验。行业经验会被优先考虑，专业经验次之。这是由于行业经验在一定程度上是只有通过实践等直接方式才能获得的知识，而专业经验可以通过书本等间接方式获得，且易于被培训。

比如，一家优秀的互联网科技公司招聘HRD，有A和B两个候选人都走完了最终面试，两者所有胜任力指标都一样，但是A来自金融行业大厂，B来自另一家互联网科技大厂，在这种情形下，B的胜算就会高些，因为对用人部门来说行业经验比专业经验会更有价值。

人力资源产品经理的任职资格

2000年，我在中金的时候，我们发布了一则招聘人力资源部产品经理的广告。招聘信息如下所示。

招聘岗位：HR产品经理

资历要求：（1）本科以上学历。

（2）有良好的量化分析能力。

---

[1] 后台部门是为前台部门提供支持与服务的部门，主要包括人力资源部、财务部、法律部、合规部、信息部、IT部、风险管理部、公关部。

> （3）有投行或咨询等专业服务公司的从业经验。
> （4）英语水平良好。
> （5）有人力资源部经验者优先。
>
> 招聘信息发布后，我们收到了各种各样的简历。有一位应聘者居然介绍了他丰富的惠普产品销售经验，原来他误把广告中的HR（人力资源）看成了HP（惠普）。也有人发邮件询问，为什么人力资源部门招聘产品经理时，人力资源工作经验仅仅是同等条件下优先考虑的一个要素，而非必要条件。
>
> 这则招聘信息确实有悖常理。依照传统习惯，合适的人力资源产品经理应该是：人力资源专业，本科以上学历，5年以上人力资源工作经验。然而在投行，很难想象只符合这些条件的人也可以胜任人力资源产品经理。
>
> 事实上，我们最终选择了一位曾有过会计师事务所、咨询公司背景的人。虽然她并没有人力资源的专业经验，但实践证明，她做得非常优秀。

3.面试

通过简历筛选的应聘者会被安排参加面试。用人部门会派出不同级别的潜在的同事担任面试官来主持面试，从文化层面、知识层面、经验层面对应聘者进行全面考察。应聘的职位级别越高，面试的次数就会越多。

4.发聘书

根据面试结果的统计，人力资源部会给通过面试的人发出聘书。聘书发出后，用人部门会和被录用的人员保持密切联系，并就其关心的各种问题进行沟通协调，直到该人员到岗。

候选人接受聘书后，HR仍然跟其保持联系是非常重要的。一般来说，优秀的候选人在签署聘书后才会跟原东家正式提出辞职，责任心导致这样的候选人会在东家工作到最后一天，再休息5到10天后才会投入新的东家。所以保持必要的联系会让候选人感受到新公司的温暖和人文关怀。行业里把这个称之为给候选人"保温"。

招聘的两种渠道

1.外部招聘

（1）员工推荐

员工推荐是一种被普遍使用且最为有效的招聘渠道。员工推荐的优点是招聘成本低，应聘人员比较可靠，沟通成本低，容易融入公司。当然，员工推荐的人员也需要经过标准的招聘流程方可被录用。

为了鼓励员工积极推荐，企业一般都会设立"员工推荐"奖励计划，对推荐成功的员工予以奖励。有的公司还为员工推荐取了非常具有创意的名字，如"我招的"计划（"I hire" program）。员工可以自豪地说"看，这个人是我招的"，这无疑使得这个计划非常吸引人。一般来说，在被推荐者入职6个月后还未离开公司，推荐者就可以得到该笔推荐奖金。但人力资源部、为本部门提供推荐人选的用人部门负责人以及达到一定级别的公司高层不能参加该推荐计划，因为招聘就是他们责无旁贷的工作职责之一，还有就是避免寻租现象的发生。

有的行业或公司似乎不太鼓励员工推荐，以避免出现"小团体"及近亲繁殖现象。但在优秀的企业，把优秀的人推荐进来，不仅是企业的需求，也是员工的意愿所趋，因为优秀的人希望能和优秀的人共事，多数员工还是非常乐意把优秀的人才介绍给公司的。这种风气已经成为一种文化。

说到这里，企业HR也可以每年统计一下新人加入的渠道和来自每一个渠道的人数占总人数的比例。这个统计是很有管理意义的。如果校园招聘的占比高于经验招聘的占比，说明企业的人才策略是到位的，占比越大策略越正确。

如果从员工推荐渠道获取的人力资源也有一定的占比，那是一个值得在公司官网广为宣传的信息，说明员工满意度分数（Net Promoter Score，NPS）很高。NPS是一种常用的评估员工满意度的指标，用于衡量员工是否愿意把自己的公司推荐给他人。如何计算员工满意度的NPS？下面来简单介绍一下。

1）设计一份调查问卷，包括让员工评价满意度的问题，例如："在一个从1到10的尺度上，请您评价您在公司工作的满意度。"

2）根据员工的回答，将其分为三类：

● 评分为0～5的员工被分类为"批评者"，表示他们对公司不满意，有可能对公司产生负面口碑。

● 评分为6～8的员工被分类为"中立者"，表示他们对公司的满意度一般，他们可能不会积极主动为公司推荐，但也不会产生负面影响。

● 评分为9～10的员工被分类为"推荐者",表示他们对公司非常满意,愿意为公司推荐和宣传。

3)计算NPS:推荐者比例减去批评者比例,即推荐者比例－批评者比例＝NPS。

4)解读结果:根据计算得到的NPS值,可以对公司的员工满意度做出如下解读。

● NPS大于零:表示公司的员工满意度较高,有很大的潜力成为公司的推荐者。

● NPS等于零或接近零:表示公司的员工满意度在中立水平,员工对公司无明显的积极或消极推荐意愿。

● NPS小于零:表示公司的员工满意度低,有可能存在员工流失或负面口碑的风险。

需要注意的是,NPS只是一种指标,单一指标不能完全代表员工满意度的全部情况。因此,在评估员工满意度时,还需要综合考虑其他因素,如工作环境、薪酬福利、发展机会等。另外,及时分析和采取措施来改善员工满意度也是至关重要的。

(2)猎头服务

"猎头"在英文里叫"headhunting",意为"猎取高级人才"。猎头服务是企业获取高级人才的重要渠道。

企业为避免法律风险,往往通过猎头这样的人才服务中介来从竞争对手那里获取所需人才。而猎头在人才猎取方面的专业性及信息优势也有利于企业提高招聘效率和招聘质量。因此,在不少企业,猎头服务被普遍使用。

> **猎头的收费方式**
>
> 猎头的收费标准一般是所猎人才固定年收入的22%～25%。公司通常需要在招聘开始时支付1/3作为服务定金，在招募过程最后期限的前30天左右支付另外1/3的服务费，最后1/3的费用在完成招募工作的60天内支付。另一种支付方式是在招募工作完成后一次性支付。投行一般采用后一种方式。

（3）公司官网招聘

官网招聘是一种常用招聘渠道，招聘具有成本低、受众广等优势，同时也是企业品牌营销的一种有效手段。公司的品牌和口碑越好，官网的招聘效果也越好。官网招聘的最大好处之一是可以日积月累地建立起公司的简历库，或称为公司的"私域简历"。这些简历可以为公司储备发展的人才。如果能让候选人自行上官网更新自己的简历，公司再通过算法将更新的简历根据公司的公开招聘岗位进行配对推荐，招聘效率和精准度会大幅提升。

2. 内部招聘

（1）内部调动

内部调动指企业内部员工跨地域、跨部门及部门内不同岗位间的平行移动。绩效优秀的员工出现内部或跨区域调动的频率会比较高，因为企业需要能快速解决问题的人。对跨国或跨区域的企业来说，内部调动还是比较普遍的。不少企业也鼓励员工通过内部调动，找到最适合自己的岗位，兼顾家庭与工作，提高工作满意度。

员工内部调动一般由企业提出，再跟员工商量。但是也有员工为了家庭或其他原因希望调动岗位，在这种情形下，需要本人提出申请，并经过原主管的同意。为了保证招聘质量，员工调动也需要像外部招聘一样，经过标准的招聘流程。

在一个岗位工作满一定期限的员工才可以申请内部调动，有的公司把这一期限设定为9个月，有的公司则要求6个月即可。但这个期限需要有一段足够长的时间，以让公司来观察该员工究竟能否胜任该岗位工作，或确定不能胜任是因为能力还是岗位的适应性，同时也让员工来体验自己是否能胜任或适合该岗位。

有些传统企业会推行"轮岗"计划、"管理实习生"计划，但专业型公司如投行、科技公司、律师事务所和咨询公司等不采用这些方式。在传统企业特别是劳动密集型企业，员工知识背景等差别很大（如窗口接待员和管理层），选派知识背景比较好的员工通过轮岗迅速了解企业及业务技能，可以使其快速成长为企业的管理层。但在专业型公司，每个人的知识背景很接近，谁能被提升成为管理层，取决于很多因素，轮岗并非有效手段。

（2）内部晋升

内部晋升不仅仅是补充职位空缺的重要途径，也是企业文化导向、行为导向的外显形式。人力资源界有一句名言："晋升即沟通（Promotion is communication）。"也就是说，宣布一名员工晋升即是向企业其他人员传递这样的信息：该员工代表了企业的文化和价值观，是值得学习的榜样。

一般来说，如果一个员工认同并践行企业文化，且绩效优异、具有领导才干，在工作满一定期限后，即可成为被提升的对象。内部晋升对员工认可公司并保持优异绩效十分有效；同时，也有利于企业优化人员配置，保持优胜劣汰的生态环境。

经验招聘是企业获取人才的重要途径。特别是在企业创业初期或者到达新兴市场时，经验招聘往往会成为企业招聘的首选方式。

经验招聘也是企业人力资源优化的重要途径。经验招聘特别是外部招聘，在一定程度上促进了社会人才的优化配置，有利于社会生产力的发展。同时，外部招聘为企业输送了新鲜的血液，增加了企业知识的保有量，为企业进行直接招聘，即校园招聘奠定了良好的基础。并且，内部招聘在一定程度上促进了企业内部人力资源的优化配置，是企业进行员工职业生涯管理的重要手段。

第五章

激励——设计一个具有吸引力的薪酬体系

人力资源管理的基础是激励,指导激励的理念是艺术与科学的统一,但是更倾向于艺术。因为被激励的对象是人,人是万物之灵,很难抑制感情的表达。正如经济学大师张五常教授所说:感情的表达是艺术,理智的分析是科学,以经济学来说,清楚划分主观感情与客观分析是比较困难的。

光谈理念显然不够,与理念配套的是方法论,并且要是一套行之有效的方法论。比如在投行领域,我们在谈到招聘时提到了投行人的基本能力素质,其中有一点叫"commercial",即"商业特质",亦可将其戏称为"爱不爱钱"。对金钱的渴望或许是人的天性之一。投行深刻地认识到了这一点,并用一种行之有效的薪酬机制激励着人将这种渴望转变成巨大的生产力。无疑,投行是将薪酬这种激励手段应用得最成功的行业之一。

如今,不只是投行拥有一套合适的激励制度的行业,其他很多卓越的企业同样有各自的激励制度。本章我们从实践和方法论的角度来分析企业的人力资源管理如何发挥激励的效用。

为什么员工像"喂不饱的饿狼"

先看这样一则新闻：

2015年，国内某券商公司的4位员工不满公司的激励方案，拿到奖金后集体出走。几天后的追踪报道显示，按照公司的薪酬激励方案，这4位员工应该分得3.5亿元的奖金，但是此项薪酬政策没有得到董事会的批准，最终只分配给4人每人一两千万元。

乍听上去，人们会下意识地认为这些人是不是疯了，竟然对一两千万元的奖金发放心存不满。

追根溯源，问题出在薪酬激励方案上。根据该公司的薪酬政策，这4位员工本应该分得3.5亿元的奖金，而实际上公司根本不可能分配如此高额的奖励。但是，为什么该公司的薪酬激励方案会导致奖金高达数亿元呢？

答案在于销售成本理念（cost of sales approach）。显然，这家公司实行的是基于销售成本理念的薪酬激励方案。但问题在于，制定者在设计方案的时候不一定明白什么是销售成本理念，因为它在人力资源薪酬设计的教科书里没有被广泛讨论。

与销售成本理念相对的是劳动力成本理念（cost of labor approach）。从字面上来理解，销售成本理念指的是把销售额的一定百分比作为奖励分配给贡献者，而劳动力成本理念是参考市场上同类贡献者的平均劳动力成本，并据此来决定每个贡献者奖励的金额。

简言之，销售成本理念是根据比较量化的指标来激励的理念，也最容易理解和执行。该理念根据员工所对应的销售目标进行定薪，奖励与个人销售业绩直接挂钩（注意，不是与公司收入挂钩）。这种理念的优点和缺点一样突出。优点是激励直接、透明、强大，缺点是它导致企业过度重视现金绩效结果而忽视员工达成结果的过程以及公司需要强化的正向行为。它的另一个缺点是，设计不好，会使得员工过度追求个人的量化绩效指标，忽视企业的绩效指标而损坏企业的长期发展，比如员工的收入不少，但是企业是亏本的。

劳动力成本理念则与此不同。成熟的市场和企业一般根据企业所在的行业薪酬定价来决定员工薪酬大致处于什么样的水平，这就叫作劳动力成本定价。如果企业要采用劳动力成本定价的理念，那么行业的配合是关键。也就是说，整个行业的人力资源实践比较一致，比如招聘、激励和业务模式都大致相同。这种做法的好处是可以规范行业人才的合理流动，避免人才价格的恶性竞争，因为人才的最终价格是由行业的市场机制决定的。

劳动力成本薪酬定价在已经形成成熟行业的企业中比较流行，而且薪酬总盘与公司收入入业绩挂钩，个人奖金与公司业绩、部门业绩、个人业绩和个人能力相关联。我们注意到，成熟企业对于员工的薪酬几乎都采纳劳动力成本的理念，外加市场理念。这些企业之所以这样做，是因为过度量化的销售成本理念会阻碍公司的长期发展，会导致企业后劲不足，陷入中等规模陷阱。行业头部企业在激励方面都有共同之处，普遍采用劳动力成本的激励理念，而处在腰部和尾部的企业多采用销售成本激励理念。

基于销售成本理念设计的激励方案，考核方法是设立个人KPI，考核工具是个人KPI达成率，员工获得的奖励是提成或佣金（commission）；基于劳动力成本理念设计的激励方案，考核方法是公司的KPI和个人的KBI，考核工具是公司的"三费率"（在本章的后面小节有详细介绍）和员工能力评级（一般是通过A、B、C不同等级来体现），员工获得的是奖金。

提成与奖金是有本质区别的，提成本质上是分利，是员工与公司达成的一种分利协议，只要员工产生了创收，就可以从创收中获得事先跟公司约定好的收益百分比，这种奖励方法非常科学和透明，所以一般没有复杂的考核工具来支持也可以顺利运转。

但奖金本质上是激励，是公司对员工因为做出了符合公司价值观和正确行为而产生的业绩结果的一种现金的奖励（奖金）和非现金的奖励（嘉奖），如晋升、奖状、特殊现金奖励等。奖金不直接跟个人的业绩挂钩，而是跟个人能力挂钩，所以是一个科学加艺术的管理过程，需要与绩效考核的工具配合使用。

提成制重视结果，轻视过程；奖金制看重结果产生的过程。所以企业中如果经常听到管理者开会时不断重复"我不管你如何做，我只看结果"或者"是骡子是马，拉出来遛遛，咱们年底走着瞧"这些话语，那么这家企业多半实行了提成制的利益分配体系。在这样的企业里，管理者一般都不太忙，因为他在年初已与下属签署了"分利协议"，只等着看结果了。

采用奖金制的企业管理者会非常忙，因为他们要了解每一个员工达成结果的过程，要不断地关注过程、寻找解决问题的方法和工具,因此会非常忙碌。这些管理者最常做的事情就是跟客户、下属和跨部门同事开会解决实际问题。

采取提成制的企业一般加班不多,但是采取奖金制的企业一定加班不断。关注过程比单纯关注结果要累很多。

在激励方面,有一则非常经典的小故事(括号中的描述是我加上的)。

一条猎狗将兔子赶出了窝,一直追赶它,追了很久仍没有捉到。牧羊狗看到此情景,讥笑猎狗说:"你们两个之间,小的反而跑得快多了。"猎狗回答说:"你不知道,我们两个的跑是完全不同的!我仅仅是为了一顿饭而跑,他却是为了性命而跑呀!"

这话被猎人听到了,猎人想:猎狗说得对啊,那我要想得到更多的猎物,得想个好法子(具备企业家特点)。于是,猎人又买来几条猎狗(建立了劳动力杠杆机制),凡是能够在打猎中捉到兔子的,就可以得到几根骨头,捉不到的就没有骨头吃(设立了个人KPI)。这一招果然有用,猎狗们纷纷努力追兔子,因为谁都不愿意看着别人有骨头吃,而自己没得吃。

就这样过了一段时间,问题又出现了。大兔子非常难捉到,而小兔子却好捉。但捉到大兔子得到的奖赏和捉到小兔子得到的奖赏差不多,猎狗们善于观察并发现了这个窍门,专门去捉小兔子(考核的不如被考核的精)。慢慢地,大家就都发现了这个窍门。猎人对猎狗说:"最近你们捉的兔子越来越小了,为什么?"(落入中等规模陷阱,开始导入过程管理)猎狗们说:"反正得到的奖赏没有什么大的区别,为什么费那么大的劲儿去捉那些大的呢?"

猎人经过思考后，决定不将分得骨头的数量与是否捉到兔子挂钩，而是采用每过一段时间就统计一次猎狗捉到的兔子的总重量的方法，按照猎物的重量来评价猎狗的表现，以决定这些猎狗在一段时间内的待遇（从个人KPI过渡到公司KPI的雏形）。于是，猎狗们捉到兔子的数量和重量都增加了（走出了个人KPI导致的中等规模陷阱）。猎人很开心。

但是过了一段时间，猎人发现，猎狗们捉兔子的数量又少了，而且越有经验的猎狗，捉的兔子的数量下降得越厉害（猎人持续的过程管理中的发现）。于是，猎人又去问猎狗。猎狗说："我们把最好的时间都奉献给了您，主人。但是，我们随着时间的推移会老，当我们捉不到兔子的时候，您还会给我们骨头吃吗？"

猎人做了论功行赏的决定，分析与汇总了每只猎狗捉到的所有兔子的数量与重量，并规定如果捉到的兔子超过了一定的数量后，即使捉不到兔子，每顿饭也可以得到一定数量的骨头。猎狗们都很高兴，大家都努力去达到猎人规定的数量。

一段时间过后，终于有一些猎狗达到了猎人规定的数量。这时，有一只猎狗说："我们这么努力，只得到几根骨头，而我们捉的猎物远远超过了这几根骨头。我们为什么不能自己捉兔子呢？"于是，有些猎狗离开了猎人，自己捉兔子去了……（追求马斯洛需要层次理论提到的自我实现需求层次。）

仔细琢磨，这则故事非常有趣，读者可能会有以下发现：

第一，猎人有企业家特质。猎人从牧羊犬和猎狗的对话中悟出了提高猎物产量的方法。

第二，引入劳动力杠杆。"于是，猎人又买来几条猎狗"就是运用劳动力杠杆来提高产量。什么是劳动力杠杆？比如，猎人一个人一天花8小时可以猎3只兔子，正好可以养活一家人，如果一条猎狗一天可以猎6只兔子（收入），自己吃1只，猎人可以获得5只额外的兔子（利润），如此类推，3只猎狗一天就可以捕获18只兔子（收入），减去3只兔子作为猎狗的粮食，净增加了15只兔子（利润），这就是劳动力杠杆。猎人通过增加3个劳动力（猎狗）把自己单位时间的产量从3只兔子增加到了18只兔子，产量提升了6倍。

第三，设定个人KPI。"凡是能够在打猎中捉到兔子的，就可以得到几根骨头，捉不到的就没有骨头吃"就是基于个人业绩的KPI。说明猎人不仅是一个企业家，也是一个不错的管理者。

第四，考核的不如被考核的精。"捉到大兔子得到的奖赏和捉到小兔子得到的奖赏差不多，猎狗们善于观察并发现了这个窍门，专门去捉小兔子"。商界有"买的不如卖的精"的说法，是因为交易双方的信息不对称。企业里由于考核者的信息不如前线的被考核者的信息全面，也会出现"考核的不如被考核的精"的现象。

第五，落入中等规模陷阱，开始导入过程管理。"最近你们捉的兔子越来越小了，为什么？"看！猎人确实是管理高手，开始重视过程管理，通过了解猎狗捕猎的过程来对冲信息不对称的弱势，尽可能地让自己不输在信息量不充分方面。

第六，过程管理出效果，从个人KPI过渡到公司KPI。"猎人经过思考后，决定不将分得骨头的数量与是否捉到兔子挂钩，而是采用每过一段时间就统计一次猎狗捉到的兔子的总重量的方法，按照猎物的重量来评价猎狗的表现，以决定这些猎狗在一段时间内的待遇"就是将个人提成（骨头）跟兔子的重量（公司KPI）挂钩。"于是，猎狗们捉到兔子的数量和重量都增加了"，走出了个人KPI导致的中等规模陷阱，猎人很开心。

第七，持续的过程管理。"但是过了一段时间，猎人发现，猎狗们捉兔子的数量又少了，而且越有经验的猎狗，捉的兔子的数量下降得越厉害。于是，猎人又去问猎狗。"看，猎人坚信过程管理的重要性。

第八，猎犬开始追求自我价值的实现。"有一只猎狗说：'我们这么努力，只得到几根骨头，而我们捉的猎物远远超过了这几根骨头。我们为什么不能自己捉兔子呢？'于是，有些猎狗离开了猎人，自己捉兔子去了……"猎狗最后发觉，即便再大的激励，也比不上自己创造的价值，这导致猎狗离开了猎人。猎人如果有高人指点，引入股权激励，是否可以留住部分优秀的猎狗？

猎人与猎狗的故事在企业的管理实践中并不陌生，很多企业都采用类似的激励制度，就是用一个量化的激励方案来解决另一个由于过于量化而产生的激励弊端。这种过于量化的激励方案存在很多弊端，如果没有正确的激励理念、方法和工具，每一个方案都过于量化，就会让企业反复陷入"考核的不如被考核的精"的激励陷阱，然后就需要找一个新的方案以摆脱陷阱，殊不知，这又掉入了新的考核陷阱。如此反复，企业就始终徘徊在中等收入陷阱阶段。

优秀企业都是吃"大锅饭"的

如果量化的激励方案有陷阱，那么有人可能会问了：不把个人的奖金跟个人的业绩挂钩，这不是吃"大锅饭"吗？

究竟什么是"大锅饭"，还要一分为二地去看。

在改革开放以前，中国基本没有以市场为导向的企业。企业基本按照论资排辈的理念来决定每个人的工资，那时企业也没有提成和奖金的概念，这导致企业的经济活动不活跃，企业人员没有工作的动力。这一现象被认为是吃"大锅饭"造成的。改革开放以来，随着一系列改革措施的陆续推进，中国经历了一次"历史上最伟大的经济改革"，中国经济从20世纪80年代开始实现了较长时期的快速增长。

在这个过程中，企业的劳动分配制度经历了一个发展变化的过程，首先被一些企业削弱或被另一些更激进的企业废除的就是基于资历的"大锅饭"分配制度。企业的经济活动也开始有了显著的发展，因此每一个企业管理者都不想回到"大锅饭"时代，多数企业都用提成制代替论资排辈制，将个人奖励与个人业绩直接挂钩，也就是上面提到的基于销售成本理念的激励方案，不采用提成制的激励理念会被认为是吃"大锅饭"。

少部分有马拉松精神的企业发现员工的现金奖励与个人业绩直接挂钩已经开始侵蚀企业赖以长期发展的经济基础，于是开始探讨将员工的现金奖励与企业业绩和个人能力挂钩的激励管理方法。但是在这个探讨的过程中，唯一无法越过的障碍就是被扣上

"大锅饭"的帽子。最能够彻底打败这种激励新理念的说法就是："你这样做不对，这不是鼓励吃'大锅饭'吗？"基于公司业绩和个人能力来激励的新理念推动者一听到这样的批评，也会无奈地放弃对新激励理念的推动。

其实，成熟、优秀和行业内的头部企业的激励方案基本都是"大锅饭"模式，但是不同于我们国家改革开放前企业所实行的"大锅饭"制度，这些优秀企业强调的是如何把这锅"饭"尽可能地做大，并在此基础上，在劳动力成本理念的框架下，结合公司业绩和个人的能力来分配这锅"饭"，也就是说按照每一个人达成结果的能力大小吃"大锅饭"，而不是按照不看贡献只看资历深的逻辑吃"大锅饭"。如果不鼓励做大蛋糕，企业的收入总量不发生增长性的变化，其结果就是越分越少，越吃越穷。

因此，"大锅饭"本身是没有错的，关键在于如何做大这锅"饭"和分配这锅"饭"。信奉劳动力成本理念、过程导向和个人能力导向的管理者，并非出于偶然，他们所在的企业一般都是处在头部的优秀企业，会强调在企业层面一定要保留一个"大锅饭"或者"大蛋糕"（用管理术语来说就是"薪酬总盘"），然后根据每一个员工的能力（通过有效的绩效管理手段来决定）决定如何获得自己蛋糕的份额。

而信奉销售成本理念、只看个人结果不看过程的管理者，也并非出于偶然，他们所在的企业一般在腰部或尾部，相对不太重视或者还没意识到在公司层面的"大锅饭"要比个人手里那"一碗饭"重要很多，往往会不假思索地用"大锅饭"的伪命题来拒绝基于能力的"蛋糕"分配理念。长此以往，阻碍了企业做大做强的动力。

伪命题之所以有生命力，是因为很难通过传统的证伪方法证明它是错误的，它们往往无法被简单的论据所驳倒，通常需要通过深入的哲学论证或其他复杂的方法来揭示其错误。特斯拉和SpaceX的创始人埃隆·马斯克就是遵循"找到最核心的根本"，也就是"第一性原理"的思维方式，成功创业的。这是一种不断追问事情本质的思维方式，是突破伪命题的思维方式之一。

埃隆·马斯克在很多情况下都运用了"第一性原理"理论，重新定义了问题，找出事物的根本原因，然后创建出具有创新性的解决方案。

例如在特斯拉的电动汽车制造过程中，他曾经遇到了一个被大家普遍认为的"命题"：电动车的电池成本太高，无法实现大规模的商业化。大多数人会接受这个普遍观点，但是马斯克没有，他选择用第一性原理进行思考。他考虑到电池组成的基本元素并没有那么昂贵，比如镍、钴、铝、碳等。这些材料在市场上的价格远低于一块成品电池。因此，他认为应该有办法以更低的成本制造电池。于是特斯拉开始了自家生产电池的道路，通过优化设计和生产过程，成功大幅度降低了电池的生产成本。

第一性原理，本质上就是一种解决问题的思维方式，它要求我们找到事物最本质的那个东西，也就是不能再被分解的事实，然后以此作为出发点，从根本上理解和分析问题。

当你想创设一个新产品或服务时，有两种思考方式。

第一种思考方式是基于类比：我可以基于现有的模型或解决方案，做一些小修改，来进行创新。如这个产品我可以做得更小、更轻、更快。

第二种思考方式是基于"第一性原理"：我可以忽略现有的所有解决方案，去找到这个问题最基本的原理，然后基于这些最基本的原理进行创新。比如：现有的电池性能不满足要求，难道一定要用现有的电池技术吗？如果从电池的基本组成元素出发，有没有创新的可能？

第一性原理就是跳出固有框架，直面问题的本质，然后从这个最原始、最根本的点出发，寻找新的解决方案。这是一个"第一性原理"思维方式的实际应用。它直接挑战了一个看似不可变的"事实"，去找寻问题的根本原因，然后找出创新的突破方案。

改革开放初期，就有中国是否要建立股票交易所的讨论，反对者指出股票交易所是资本主义的典型产物之一，中国是社会主义国家，不应建立股票交易所。这个说法乍听起来有它的自洽逻辑，你会觉得它不对，但是又不好反驳。这就是比较典型的伪命题特点——逻辑自洽，不好反驳。所以在当时的中国环境下，这个伪命题很难被有效地反驳。

后来，股票交易所怎么获得通过的我们了解不多，但是我们知道有个著名的"黑猫白猫论"。

上面已经提到"大锅饭"的关键在于怎么分配，如果没有一个有激励性的分配方案，就容易让员工产生"吃大锅饭"的感觉。但笔者根据经验所得出的结论是，有不少企业的管理者和"明星员工，只要奖金跟能力或者KBI挂钩，不跟个人的绩效KPI挂钩，就会将这样的激励方案指责为"吃大锅饭"。

我认为，正确的做法应该是：首先大家一起把这锅饭做大，在此基础上按照公司所能提供的饭量，按照个人的能力、业绩和个人在人才市场上的定价来分配。只有这样，才能让全体员工一起做大企业的"大锅饭"，而不是只做大自己的那碗"饭"。或者换一个比喻，做大企业的"蛋糕"，而不是做"蛋挞"。

从图5-1中，我们可以看出"大锅饭"和"一碗饭"的吃法是不同的。

如何吃"一碗饭"	如何吃"大锅饭"
· 强调个人业绩指标 · 重个人贡献 · 个人奖金跟个人KPI挂钩 · 采纳提成制	· 强调个人达成业绩的能力 · 重团队合作 · 个人奖金跟个人KBI挂钩 · 采纳总薪酬制

图5-1 "一碗饭"vs"大锅饭"

有些人可能会说，个人做大了自己的那碗"饭"，公司的"大锅饭"当然也跟着大了。这其实又是一个伪命题。原因很简单，"做饭"需要公司资源的无限投入，而资源又是有限的，对有限资源的获取就会带来激烈的内部竞争。为了能够获得更多资源和个人提成最大化，将客户信息对企业和他人保密、项目暗箱操作等就会成为企业中个别"明星"的常态。另外，随着少数"明星"员工获取资源的能力的无限增长，他们也学会了把握业务量的节奏，确保自己的饭碗不出现溢满现象。比如，将获得的业务机会按照自己的时间表和能力圈来完成，如果超过自己的能力圈就"飞单"。所谓"飞单"就是将公司的业务转入其他能给自己带来额外收入的企业，这样的话，最后影响的还是本企业的业务规模。

三种绩效设计理念的对比

薪酬激励的设计一般都离不开五个维度：

- 奖金来源。
- 奖金分配。
- 考核指标。
- 考核工具。
- 分配方法。

根据这五个维度的设计所采纳的理念、方法和工具，我们可以大概得出1.0、2.0和3.0三个版本的激励方案。这三个版本的激励方案虽然没有绝对的对错之分，企业可以根据自身所处的行业和发展阶段来选择，但是如果企业要活好、发展和壮大，激励3.0一定是演变趋势和方向，具体内容如表5–1所示。

表 5-1 激励方案的三个版本

激励方案	1.0 版	2.0 版	3.0 版
奖金来源	员工创收的百分比	团队创收的百分比	公司收入的百分比
奖金分配	按个人业绩（财务指标）	按个人和团队业绩（财务指标）	按个人能力（非财务指标）
考核指标	个人 KPI	个人 KPI + 个人 KBI	公司 KPI + 个人 KBI
考核工具	无	MBO（目标管理）	360 度绩效反馈
分配方法	佣金（佣金 = 个人业绩 × 佣金比率）	目标奖金（奖金 = 目标奖金 × 目标达成率）	总薪酬（奖金 = 总薪酬 − 已发放固薪）

奖金来源：在激励方案 1.0 版中，个人奖金与员工个人的业绩直接挂钩，奖金是个人收入的某个百分比，这是比较典型的销售成本理念。到了 3.0 版本，个人奖金跟个人的能力直接挂钩，奖金池是公司的销售收入的某个百分比，这是比较典型的劳动力成本理念。这在某种程度上削弱了某些"明星"员工"绑架"公司的可能性。据了解，我们很多企业的激励方案仍然停留在 1.0 或 2.0 阶段，奖金来自个人创收或团队创收。

奖金分配：在实践中，我们经常可以看到这样的现象——公司的业务由几个团队完成，各团队在年初定完指标后基本不需要公司管理，年底与公司算收入分成的账，对分成满意就继续干；如果不满意，整个团队就可能离开，加入新的公司或自己独立门户（因为已经掌握了一定的客户资源）。这样企业实际上是被"团伙"绑架了。

前面我们分析过公司的起源和使命，公司从诞生起就在它的收入分配中不断地寻求股东、员工、客户、政府和社区各方利益的最佳平衡点。这个关系到企业能否持续发展的关键平衡点不好掌握，但是又必须掌握好。企业不仅要搭建一个平台让员工施展才华创收，还要为自己的长期发展储备资本能量。在激励设计中，企业需要把薪酬来源与企业收入紧密结合，并找出符合企业所在行业人力成本占企业总收入的"黄金比例"。这个"黄金比例"会因行业不同而不同，但是同行业的企业的比例应该是大致相同的。例如：投资银行的"黄金比例"2008年以前在35%～45%，2008年金融危机后，这个比例有所降低，一般在30%～35%。在劳动密集型的行业，如餐饮业，薪酬总盘/销售收入的"黄金比例"在15%～20%。如果企业能够将人力成本与企业收入的比例控制在各自所属行业的"黄金比例"之内，而且员工的收入也能达到行业薪酬水平的75分位的水平，就是一家健康的、经营得法的企业了。

考核指标：这三个版本的最大区别是将个人考核指标从KPI变成了KBI。KPI是企业常用的考核方式，是一种基于量化思维的考核方式，前面提到的"猎人和猎狗"的故事，已经说明了过度量化激励带来的一些负面结果。

绩效1.0阶段只考核个人KPI达成率；绩效2.0阶段会增加考核个人KBI，但是赋予了一个权重，一般都是30%，说明个人KPI还是更重要的；绩效3.0阶段，企业一般不会强调个人KPI的考核，但是会非常重视考核个人的KBI，根据KBI考核结果，将公司全体人员按照20%、70%、10%的比例分成A、B、C三个绩效等级。

虽然3.0阶段的企业不会刻意考核个人KPI，但是仍然会保留

KPI，用它来考核管理层，这个过程被形象地称为升维KPI，或称为组织绩效。

KPI 的前世今生

据相关研究数据，符合现代管理概念的KPI最早出现在1900年的美国，到1990年，它的应用普遍性达到鼎盛。在这90年的时间里，人类社会经历了两次生产力革命。第一次生产力革命是以泰勒的科学管理理论为代表，它的最大意义是将体力劳动者从繁重的体力生产中解放出来，机器和科学的生产流程开始被大量使用。第二次生产力革命发生在20世纪50年代，它的理论代表人物是彼得·德鲁克，他将管理变成了一门真正的科学，提出了"知识工作者"的概念，认为对于不生产"物件"，只生产"事件"的知识工作者来说，我们可能还要探索不同的考核方法。德鲁克虽然提出了"知识工作者"的概念，但是他同时认为，我们还没有学会如何有效地管理这个群体。

20世纪90年代以后，KPI绩效考核的理念因为过度强调量化决定一切而开始在部分企业里遭受诟病。这些企业开始让KPI跟个人的业绩逐步脱钩，把KPI保留在公司层面，成为董事会考核CEO的主要工具之一。

从事HR的管理者应该知道，2012年12月网上热传一篇文章，题目是《绩效主义毁了索尼》，文章的内容对鼓励短期绩效行为的绩效考核做了分析和批判。据说在2016年小米的一次内部讲话中，创始人雷军说出了"去你的KPI"的话，虽然后来他出来澄清没有这么说，但是标题党还是将之到处引用了。接着网上也开始出现华为早就讨论过的"去KPI化"的问题。

我百度了一下"去KPI化"几个字，第一条搜索结果就是"百度推动全员绩效变革 全面去KPI化百度绩效……"（见图5-2），词条的时间定格在2019年2月份。看到网上那么多关于"去KPI"的讨论，我感到一个新的热点出现了。

图5-2 "去KPI化"的搜索结果截图

可以看出，"去KPI化"从以代名词"绩效主义"的身份开始，到躲躲闪闪的讨论，再到现在被人们心目中的大民企和大企业家公开倡导，大概花了7年时间。

我从1991年正式接触现代人力资源部管理到2013年期间，在工作过的公司里，发现除了在刚成立的中金公司前五年每年会有绩效考核的讨论，在其他公司如高盛、摩根士丹利和摩根大通，基本不会每年讨论如何考核员工的问题。即使在中金公司成立的前五年，我们的讨论也并没有涉及员工的奖金是跟KPI挂钩，还是跟他们的行为指标（KBI）挂钩的问题。

所以，在早年可能掉入KPI陷阱的时候，我被动地躲过了。现在回想起来，躲过KPI陷阱的主要原因是在20世纪90年代初，国内几乎没有人讨论KPI，国企改革刚启动，成熟的外资企业比较多，它们的绩效文化理念虽然没有刻意地"去KPI化"，但是绝对没有强调KPI跟员工的奖金直接挂钩，而是更看重人的行为和能力，隐含的逻辑是如果行为和能力到位，KPI不会太差。进一步推演就是KPI不是考核的目标，而是达成目标的决策和行为的检验标准。

KPI是用来考核CEO的

已经记不清是什么时候第一次听到KPI这一概念，但是后来听说很多企业把个人的奖金跟个人KPI直接挂钩就觉得不对劲。这种感觉我记忆犹新，虽然当时不知道错在哪，但就是觉得不对劲。

KPI是由key、performance、indicators三个单词的首字母缩写组成的，performance一词是"表现"的意思，但似乎许多企业管理者把它理解成"业绩"了。业绩容易量化,但"表现"一词应该更贴近质化。听到"表现"一词,我们想到的更多的是"能力"的结果,而不是"业绩"的结果,不是吗?

根据经验,在成功运行绩效管理的优秀或行业头部企业,你会发现KPI在这些企业中也没有被去掉,但是会牢牢地停留在公司的层面,也就是说KPI成为考核CEO的重要工具而不是考核全体员工的工具。这是因为,在成熟和优秀的企业里,管理者都清楚"责任"(responsibility)和"问责"(accountability)的重要区别,所以没有哪个CEO会把董事会制定的KPI再层层下达给下属,因为这样做就是放弃了董事会对CEO的"问责",优秀的董事会是不会答应的。即使层层下达给下属,也要有一个能够确保KPI在每一个层级有效达成的管理流程,而不是放弃流程和过程,只看结果。

所以,在公司层面的KPI是非常量化的,比如:销售额要同比提高10%、ROE不低于20%、利润率要保持在20%、市场份额要达到15%、人力成本对收入的比率不能超过35%,等等。

KPI本身没错,错的可能是CEO把它层层下达给他的直属下级了,而直属下级依葫芦画瓢,让企业每年都陷入一次自上而下的KPI分解过程。分解完毕后,上级对下级再直接加上一句"我不在乎你如何达成这些目标,是骡子是马拉出来遛遛,我们年底见"的话,那么上级的业绩压力就一下子毫无顾忌地传给下属了,这种情况对企业来说就更加糟糕了。比如,上级可能马上感到他们对下属的控制正在削弱。主要表现在:员工来公司上班的次数越来越少，老板质询时，员工会说出差见客户去了；如果早班经常迟到，就说请客户吃早餐去了；晚上不回公司写报告，就说请客户吃晚饭了；等等。老板拿员工也没办法，因为已经说过了"我不看过程，只关注结果"的话。

在这种情况下，老板为了不失控，开始了所谓的"过程管理"，让员工必须每天写工作日志，结果员工马上怨声载道，"这是形式主义"成为最有力的反对借口。

确实，久而久之，企业已经由一个具有长远发展目标的"公司"转变为一个重视短期效益的"平台"。这个"平台"仅保留了雇用和解雇员工以及设置奖惩政策的职能，却忽视了制定持久发展战略的重要性。在这个平台上，员工通常会与管理层定期就KPI目标进行讨价还价，目的是拿到有利于自己的指标。

在这种环境下，表现出色的员工变为业务"明星"，他们逐步占据了大部分企业资源，比如客户和员工资源，并且渐渐影响企业的走向，开始了逐步"绑架"公司的历程。这种"明星"对企业的"绑架"，并非故意为之，而是企业过度强调结果导向考核理念的自然反噬。公司需要意识到，过于注重短期KPI可能会诱发员工以个人利益为重，从而长期忽视公司的发展目标。

人力是成本，企业需培养"海洋思维"。

一起来看看将KPI层层下达的绩效考核理念是如何增加人力成本的。我们把这个层层下达的过程具象化：CEO—高层—中层—主管—员工。总体KPI每下达一个层级，就产生一群以小KPI为唯一目标的虚拟CEOs，沿着金字塔形的组织架构向下传导，按

CEO：高层=1：4、高层：中层=1：6、中层：低层=1：8、低层：员工=1：10的管理者对员工的比例来测算，就会形成192个小虚拟CEOs，如图5-3所示。

	CEO	高层管理者	中层管理者	低层管理者	普通员工
CEO	1				
高层管理者		4			
中层管理者			6		
低层管理者				8	
普通员工					10
全体人员					
虚拟CEOs	**1**	**4**	**24**	**192**	**1920**

图5-3 虚拟CEOs产生逻辑图

这样一群虚拟CEOs如果不具备深刻和全面理解企业运作的逻辑，就会非常自然地以一种基于农耕思维的生产方式来达成他们的KPI目标。什么是农耕思维？简单来说就是一种以增加劳动力来达成业绩的线性思维方式。在这种思维方式主导下，劳动力的投入跟业绩的增长形成正相关的线性关系，是一种通过增加人力来提高业绩的简单生产方式，这种企业的通病就是人越来越多。在这样的企业里，业绩增长公式是：

业绩增长 = 每单位劳动力产出系数 × 劳动力投入 + 存量业绩

例如，一家公司的存量业绩是10，准备投入20个劳动力单位，如果每增加一个单位劳动力，业绩就能增长0.5，则这家公司的业绩增长将是：

业绩增长 =0.5×20+10=20

农耕思维的反面有人说是海洋思维，即他们更倾向于通过使用技术创新、工具改良而不是简单地增加人力来提高生产率和企业业绩。由于工具可以有效提升生产力，所以海洋思维也被称为工具思维。两者的本质区别是前者重人力，后者重效率。

《21世纪商业评论》曾经报道了芬兰的Supercell游戏公司。读完报道后，我认为Supercell是一家比较典型的践行海洋思维的企业，2015年阿里巴巴还组织高管参观了该公司，半年后阿里就提出了组织架构的调整。腾讯2016年花费86亿美元收购了Supercell 86%的股权，这家不到200人的税前利润当时达15亿美元，人均5.1亿元。

从优秀企业管理的角度来看，人力就是成本，而不是需要不断强化的资产，老到的CEO会时刻把人力成本放在心上并加以控制。

在基于全体人员KPI导向的公司里，"虚拟CEOs"在没有达成KPI的时候最经常使用的借口之一就是"人力资源部没有给我按时补充人员"，在这样的借口下，虚拟CEOs一般都可以成功躲过惩罚，而人力资源部往往成为替罪羊。我国劳动人口基本没有经历过工业革命，农耕思维是我们不少企业家的自然思维，这是可以理解的，但是我们也要有意识地更加积极培养我们的海洋思维倾向，通过创新思维、办公工具（如MS Office、BI）、算法、数据、AI来提高生产力，而不是简单地通过人力投入。

第一次生产力革命时期产生了不少伟大的企业，如福特、通用等。老亨利·福特（1863—1947）虽然处在第一次生产力革命的时代，但已经说出了一句名言："我明明雇的是两只手，怎么却来了一个人。"这句话的含义不言而喻：如果机器能够完全代替人，他会毫不犹豫地使用机器，因为机器效率高且管理成本低。

随着通用人工智能（AGI）的出现和普及，企业用它来代替人类也不是太遥远的事情。

企业家永远是追求效率和成本思维的，正如管理大师德鲁克说："企业没有利润这回事儿，只有成本。"他老人家的意思是说，如果客户没有下订单，企业的一切活动都是成本。他进一步说道："企业今天的利润实际上就是企业明天的工作和福利的成本。"

根据FactSet（事实网）的资料，标准普尔500指数上市公司2023年第三季度的平均利润大概是11.6%。没有想象的高是吧？所以，企业的管理就是如何做好10-9=1的算式，尽可能增加10，减少9。

KPI 层层下达应遵循正确的方式

理想的状态是KPI只停留在CEO层面，而不是层层下达，这已经是不少优秀企业的普遍做法。也有一些非常成功的企业会将公司的KPI层层下达，尤其是在一些劳动力比较密集的行业里（如快消行业和生产制造业）。

但是，这些企业的管理者在制定公司层面的KPI总额的时候会认真做好两件事：第一，严格遵循一个科学的，基于事实、历史数据和市场数据分析的方法论来得出公司的KPI目标（而不是指标）。第二，将总体KPI严格地、公平地、有仪式感地下达到每一个层级，而不是为了让员工有业绩压力，在层层下达的过程中将KPI加码10%到20%。员工是很聪明的，他们会在第二年就发现这个秘密，从而也开始玩弄管理层，因为管理层的做法已经让双方失去了基本的信任。

这方面做得比较好的企业会在财务部或人力资源部设立一个"目标设立分拆"岗位，英文叫TSC（target setting cascading），设立的目的就是监督KPI目标层层下达的合理性，同时也承担起下达后考核人员完成目标的责任，在完成目标的过程中，不让团队感到是孤军奋战。所以，这样的层层下达的做法之所以可行，除了因为具备公平性和科学性，更重要的原因是它强调过程管理胜于目标下达的理念。

TSC分拆法据说是基于MECE原则来设立的，MECE的意思是"相互独立，完全穷尽"（mutually exclusive collectively exhaustive），根据相关资料，它是麦肯锡的第一个女咨询顾问巴巴拉·明托（Barbara Minto）在金字塔原理（The Minto Pyramid Principle）中提出的一个很重要的原则。所谓的不遗漏、不重叠是指在将某个整体（不论是客观存在的还是概念性的整体）划分为不同的部分时，必须保证划分后的各部分符合以下要求：

(1) 各部分之间相互独立（mutually exclusive）。

(2) 所有部分完全穷尽（collectively exhaustive）。

MECE是麦肯锡思维过程的一条基本准则。"相互独立"意味着问题的细分是在同一维度上进行并有明确区分、不可重叠的，"完全穷尽"则意味着全面、周密。

讨论到这里，我们大概可以得出两个结论：第一，KPI仍然是一个传统的、可以发挥重要作用的考核工具，但是多数优秀企业只有公司层面的KPI（量化为主），或者部门层面的KPI，而不会盲目地把它层层下达；第二，有些劳动密集型的优秀企业也会将KPI层层下达，但是会严格遵循科学、公平、数据导向的方法论，并设立专门的执行和监督职能，如TSC来落实。

考核理念大概可以分为两种：一种是基于KPI的考核理念，另一种是基于KBI的考核理念。对企业CEO的考核，KPI仍不失为董事会的首选方案，因为它能够让董事会非常简单明了地掌握CEO的综合管理能力，只要CEO能够达到董事会设立的KPI目标而不是指标，奖金的发放就会按照既定协议执行。这从某种程度上解释了一些跨国企业CEO的薪酬不断攀升的原因。据彭博社2019年5月17日一篇文章的报道，2018年特斯拉CEO马斯克获得5.13亿美元的现金及期权总薪酬。我们熟悉的苹果公司CEO库克，他获得了1.26亿美元的现金及股权和期权的总薪酬。[1]另据Visual

---

[1] 中关村在线.特斯拉CEO年薪23亿美元 是员工的41000倍[EB/OL].（2019-06-19）[2023-12-03]. https://baijiahao.baidu.com/s?id=1636721691444982487&wfr=spider&for=pc.

Capitalist网站2023年9月19日的一篇报道，过去10年，标准普尔500指数上市公司首席执行官的薪酬中位数翻了一番（见图5-4）。①

年	标准普尔500指数上市公司首席执行官的总薪酬中位数	改变（%）
2010年	768万美元	不适用
2011年	756万美元	-2%
2012年	696万美元	-8%
2013年	795万美元	14%
2014年	935万美元	18%
2015年	972万美元	4%
2016年	993万美元	2%
2017年	1062万美元	7%
2018年	1181万美元	11%
2019年	1220万美元	3%
2020年	1343万美元	10%
2021年	1467万美元	9%
2022年	1450万美元	-1%

图5-4　标准普尔500指数上市公司首席执行官的薪酬

对员工的考核，欧美多数企业已经完全放弃了使用KPI跟员工的收入直接挂钩的考核方式，只有一种情况例外，即当销售人员所销售的产品不是由他的企业直接生产的情况下，KPI跟员工的收入直接挂钩仍不失为一个好的方式。比如，我们所熟悉的保险产品销售、汽车销售、房产销售等行业，在这些行业里，销售人员跟生产者不属于同一家企业，他们只是其他产品的销售代理，这时KPI跟他们的收入（提成）挂钩是非常合理的。

我不是一个KPI的倡导者（除非我们把KPI只留在CEO层面或者让KPI的达成跟全体员工的奖金包挂钩），也不是一味倡导

---

① 资本视觉.排名：标普500指数中薪酬最高的CEO[EB/OL]. (2023-09-19) [2023-12-03]. https://www.visualcapitalist.com/the-highest-paid-ceos/.

"去你的KPI"。有100多年历史的KPI如果用好了仍不失为可以提高企业业绩的有效工具。KPI以及后来出现的BSC（平衡计分卡）、360度考核、EVA（经济附加值）和最近国内开始火的OKR（目标关键结果）都属于考核工具的范畴。工具（tool）受方法论（methodology）支配，方法论又受理念（philosophy）指引，这是成功做事的逻辑，即从理念到方法论再到工具的过程。不少企业管理者之所以到处找考核方法和工具，是因为理念的迷失（lost in philosophy）。上面提到的所有考核工具都受它们各自的理念所支配，管理者要做的就是清晰理念、找寻方法、通过工具践行理念。

企业作为市场里的活动单位，大多数是既生产产品又自行销售其产品的，跟代理不一样，前者更加追求企业的长期发展，会更倾向于使用基于KBI的考核理念。KBI的理念、方法论和工具跟KPI有许多本质的区别。

KBI的应用场景

KBI考核方法的理念基础是过程主张，目前多见于世界500强企业中，这些企业已经度过了生存期和客户积蓄阶段，稳定的产品和品牌认知度让这些企业更加注重员工的绩效行为和能力。KBI是一种基于关键行为能力的考核方法，即通过可见的行为表现来发现员工相对不可见的动机、知识和态度，这些不可见的东西简单概括就是"能力"二字。只要员工的能力达到岗位要求，就能产生企业所需要的结果。

分析前面提到的三个绩效方案版本，我们大致可以得出这样的结论：

1.0版本关注员工个人的业绩结果，他们的业绩行为并不重要。考核以业绩说话，没有薪酬总盘的形成机制，强调个人的奖金收入。

2.0版本强调个人和团队的业绩和达成率，同时注重团队成员的业绩结果。团队的业绩行为不重要，没有薪酬总盘的形成机制，强调个人的奖金收入。

3.0版本强调员工个人的能力和公司的整体收入，有薪酬总盘的形成机制，强调个人的总体薪酬而不是奖金收入。

在对比分析这三种理念后，我们来看看图5-5。这张图从某种程度上反映了这三种版本的薪酬分配理念：算术曲线（斜率平均）、乘数曲线（斜率比较大）和几何曲线（斜率突然加大）。其中，横轴代表企业中由低到高的职级（以国际投行的职级举例），纵轴代表薪酬金额的高低。这三条曲线的斜率和走势能够非常准确地反映企业的薪酬激励理念。

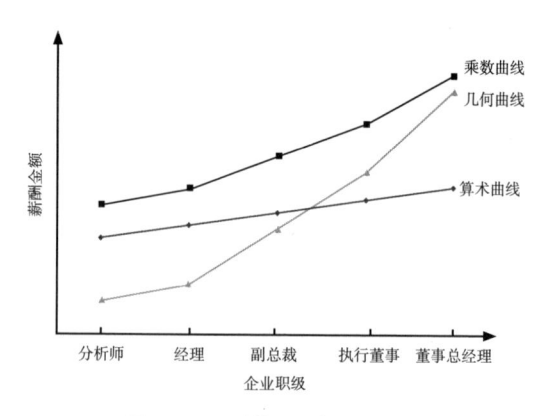

图 5-5　三种薪酬方案的对应曲线

采用算术曲线的企业比较讲究论资排辈，员工的薪酬与其级别紧密挂钩，不鼓励个人英雄主义，强调企业的平等、和谐的价值观。这样的企业往往通过福利和培训来留住人才。

采用几何曲线的企业比较强调个人业绩，倡导明星制，企业内部的资源竞争会比较激烈，级别越高的人占有的企业资源越多，从而导致个人奖金大幅度增加，形成了明显的几何曲线。这样的企业容易遭到明星员工的"绑架"，初级人员的流动性会非常大，他们因为无法获得同等的企业资源而业绩平平，这又导致他们的奖金分配相对高级别员工来说大打折扣。

采用乘数曲线的企业比较强调员工的能力和市场价值，所以初级人员的薪酬也比较高。这样的企业更加倡导团队合作、信息共享，而非"个人英雄主义"的明星制。

综上所述，算数曲线相对而言不强调个人级别的变化，奖金分配波动不大，无法体现员工能力不同而带来的不同业绩，比较适合劳动密集型的行业，如酒店和餐饮等行业。

更多企业在乘数曲线与几何曲线之间进行对比和选择。我们来看这两种曲线的不同点。

首先，起点不同。在几何曲线中，初级员工的工资起点很低，随着职位的进阶，工资发生了很大变化。比如，企业常常设立的"低工资＋高提成"就属于这种曲线分配。这是根据销售成本概念而形成的曲线，其弊端是会使企业陷入销售成本理念和量化分配中，无法给初级员工提供公平的激励制度。

在乘数曲线中，不同级别员工的工资起点差异不如几何曲线明显，提倡"高底薪＋高奖金激励"，看重的是员工的行为能力指标。

其次，曲线的变化幅度不同。几何曲线奖金设置的变化幅度较大，级别高的员工的收入是级别低的员工的数倍；而乘数曲线的变化幅度相对较小，其理念是为所有员工提供基本的业绩创造条件和自由度。几何曲线的情况下，容易导致我们常说的"飞单"。

成熟的世界500强企业大多选择乘数曲线，但是国内不少企业，比如券商，会选择几何曲线。我们不能武断地判定哪一种曲线更好，只能说乘数曲线与几何曲线背后的理念不同，所以导致的结果也不同。

如何使用 KBI 考核工具？

最能体现过程主张考核理念的方法就是考核个人的 KBI，即个人的关键行为指标。估计很多人会问，考核哪些 KBI 最有效果？这个问题很好！其实人类社会具有 500 多年的公司管理经验，已经形成了一套普适的 KBI 矩阵。为什么说是普适的 KBI 矩阵？因为但凡对优秀企业的考核有一些了解的管理者，都会发现无论去了哪一家公司，只要它们是头部或优秀的公司，它们的 KBI 考核标准就基本大同小异。

我跟大家简单介绍一下。这些公司的 KBI 矩阵一般由 3 个考核维度组成，每一个维度由几个核心能力组成，每一个核心能力通过几个 KBI 来呈现。

3 个考核维度：

- 专业能力维度（把事情做好的能力）。
- 商业能力维度（把业务做好的能力）。
- 管理能力维度（把人培养好的能力）。

这样设立的逻辑是：术业有专攻，企业需要专业能力强的员工；商业是企业存在的目的之一，在企业里的员工必须具备商业方面的能力；管理能力是企业发展的核心能力之一，每一个人都必须掌握管理企业资源的能力。

每一个维度由若干个核心能力组成，如专业能力维度由 7 个核心能力组成；管理能力维度由 4 个核心能力组成；商业能力维度由3个核心能力组成，我们称之为3＋14普适核心能力，如图5-6所示。

专业维度
1. 分析能力 Analytical Skill
2. 产品知识 Product Knowledge
3. 团队精神 Team Skill
4. 沟通能力 Communication Skill
5. 主动性 Initiative
6. 解决问题能力 Problem-solving Skill
7. 判断能力 Judgment

管理维度
8. 领导力 leadership Skill
9. 绩效管理能力 Performance Management Skill
10. 时间管理能力 Time Management Skill
11. 决策能力 Decision-Making

商业维度
12. 客户关系 Customer Relationship
13. 销售能力 Selling Skill
14. 创收能力 Revenue-Generating Skill

图5-6　3+14普适核心能力

每一个核心能力分别由几个关键行为指标组成，就是我们所说的KBI。我们拿沟通能力举例说明它的5个KBI是什么。

能够**及时**、**主动**地跟团队和工作相关者保持充分沟通，共享有用的信息，并确保信息的**一致性**。

能够以**口头或书面**的形式清晰地表达一个想法，并能**使用正式及非正式**的途径来完成复杂的沟通，从而达到解决问题的目的。

对上级交代或同事委托的任务完成以后，每一次都能及时、准确和完整地完成**闭环沟通**，确保任务下达者**知晓全过程**。

能够**快速回复**同事和上级的飞书、邮件和微信。

善于用**数据**来阐述一个事件。

黑色字体是关键的行为表现。一般来说，如果一个员工在日常的工作中经常展现上述5个关键行为指标，并保持高度的一致

性和持续性,他就会被认为是有沟通能力的员工。我们看看下面这组对话:

老板问:我们最近的销售业绩如何?

1. 甲:相较于上个月,这个月销售额略有增长。
2. 乙:销售额环比增长6%,领先竞争对手2个百分点。
3. 丙:近三个月销售额增长率分别为6%、10%和12%,其中线下销售额基本平稳,销售增长主要由线上业务带来。下一步可以在线上新用户转化流程上多做优化,同时减少线下投入。

从这三个回答中,任何人都很容易得出结论:员工丙比较优秀,因为他的回答体现了以下方面的KBI:

认知方面

- 量化能力(增长率统计)。
- 数理知识(计算了增长率)。
- 分析技能(分析了销售增长的原因并提出了新的建议)。

非认知方面

- 沟通技能(既有数据又有分析)。
- 成就动机(比其他员工更加勤奋刻苦)。

试想一下,如果你的企业里多数员工都是这样工作的,没有好的工作结果是不可能的,无论是量化的业绩结果还是定性的表现结果。

用什么考核工具才能有效考核KBI？

目前来说最有效的个人KBI考核工具还是非360度绩效反馈工具莫属。很多管理者问过我不少关于如何用好360度绩效反馈工具的问题，他们最经典的总结是：360度绩效反馈工具一听就懂，一用就错，最后是不知所措。我觉得这个总结非常经典和到位，这也验证了一句著名的谚语："知道一条道路和行走在这条路上是两码事儿。"（There is a difference between knowing a path and walking on it.）

据我了解，360度绩效反馈工具在国外企业已经使用得很普遍了，尤其是在知识和技术密集型的企业更是达到100%的使用率，劳动密集型的企业也使用360度绩效反馈工具考核企业的管理者或技术白领。国内头部企业也都在使用这一考核工具，部分腰部的企业正在使用或者有使用过360度绩效反馈工具的经历，尾部的企业目前基本还没有使用的经历和想法。

360度绩效反馈工具是对一个人的关键行为指标进行全方位收集、量化和报告的流程。报告提供者来自与被考核者共事过的部门同事、跨部门同事、上级和下属人员，甚至可能包括外部客户和供应商。与传统反馈流程相比，360度绩效反馈流程更加客观和具体。360度绩效反馈工具像西餐，忙在餐桌旁而不是厨房里，因此对成功的实施要有一套流程和方略。

要将360度绩效反馈工具成功落地，我们需要落实好7个关键步骤。这7个关键步骤包括以下具体内容。

第一步：充分沟通。

对于第一次尝试使用360度绩效反馈工具，甚至已经使用多次但仍不太满意的企业来说，第一步也是最重要的一步，就是将考核流程的详细步骤通过各种沟通工具告知所有参加人员，并进行集中式的培训，确保人人都了解这个考核工具是如何考核每一个人的。

中金公司于1997年从它的股东摩根士丹利处引进360度绩效考核工具，成为国内第一个吃螃蟹的企业。为了坐实沟通环节，我们采取的就是"全体穷尽，不遗漏"（collectively exhaustive）的沟通策略，即绝不放过每一位参加人员。作为HR的你应该有体会，业务人员是最不喜欢培训考核的，尤其是业务"大拿"。他们善于找各种完美的理由来逃避绩效沟通会，而且最拿得出手的借口就是正好跟客户有一个会议。作为HR，你的策略就是人盯人地完成所有的流程沟通。

一些业务"大拿"跟客户吃完饭已经晚上9点，还要回到公司开会讨论第二天的方案，有时候要忙到夜里12点，HRBP也会等到夜里12点跟他们做一对一的沟通。世界上怕就怕"认真"二字，HR就最讲认真。看到HRBP们如此投入和忘我，业务"大拿"也被感动了，变得非常配合。

第二步：选择评估人。

选择评估人是360度绩效反馈工具的最重要过程之一，每个人至少要被12个人来评估，这样才具备统计学意义，而且这12个以上的人中必须有人了解被评估人。评估人最好也别超过20个人，否则会造成工作量过大。典型的评估人包括不超过2个上级，至少6～10个同事，不少于4个下属（如果没有4个下属，也可以用同事来代替）。只有当评估人达到一定的数量，反馈的结果才具有客观性和可参考性。

选择评估人的过程可能需要至少一到两个星期的时间来完成，最终的被选名单还要经过评估督导的审批后方可被认为有效。评估督导的作用之一就是要确保评估人了解被评估人，并且不会有袒护被评估人或对被评估人有偏见的倾向。

有些企业担心让被评估人来选择评估人会出现"老好人"的现象，其实这个不用太担心，企业还是要信任员工的理性，就算出现了"老好人"现象，管理层也可以在最后决定每一个人的A、B、C最终结果时，通过讨论来纠偏。当然，最有效的"纠偏"是认真做好上面提到的评估督导的审批流程。

退一步讲，读者可能也了解"囚徒困境"这个经典的博弈论故事。两个共犯被捕后被分开审讯，如果他们都保持沉默，警察只能以轻罪定罪，分别判刑1年。如果其中一个人供出另一个，而另一个保持沉默，供出的人将被免责，而另一个将被判10年；如果两人都供出对方，他们将各被判5年。这时候两个囚徒面临的问题是他们应该采取什么样的策略。

此案例凸显了合作和竞争之间的微妙动态，这不仅存在于理论上，在实际生活的许多情境中也有所体现。

举个例子，在工作场所，员工既需要合作，同时也要面临竞争。尽管他们可能会形成某种合作联盟并在360度绩效反馈时相互给予对方高分，但由于360度绩效反馈的评价结果会直接影响到个人的年终奖金、晋升和加薪等利益（这些都是稀缺资源），这使得稀缺的资源无法公平共享，从而形成了内部竞争的局面。因此，虽然表面上大家都同意共同互助，但在实际的情况中，能否真的实现合作照顾则难以保证。

即使出现了相互照顾的情况，受统计学规律的制约，单一的少数样本很难出现明显的偏离，从而对总体结果产生影响。

第三步：选择好360度绩效反馈软件。

360度绩效反馈软件的选择也很重要，适合的软件可以有效地提升完成评估的效率，降低评估人完成评估的时间压力。另外，软件要尽量简单易学，最好无须培训就能使用。还有就是软件要能做到权限管理，评估者提供的反馈必须被严格保密。如果评估人对软件的保密性没有信心，反馈的真实性和客观性就会大打折扣。

随着App的大量涌现，目前市面上已经开始出现好用的、部分功能免费的App可供企业挑选，比如问卷星App就是一个不错的、简单易用的软件。

第四步：设计评估问卷。

设计好评估问卷也是一个非常重要的环节。有两种类型的评估问卷：一种是问答式问卷，另一种是打分式问卷。

无论是问答式还是打分式问卷，它们的设计理念都是让问题和回答基于对具体行为的描述。典型的问答式问题有如下几个。

● 该员工应该停止做什么才能在工作中变得更好？这个问题是委婉地让你指正该员工的不足之处。

● 该员工跟同事沟通顺畅吗？这个问题是让你对该员工的沟通能力进行评估。

● 该员工是否表现出领导的潜质和才能？这个是评估领导力行为的问题。

典型的打分式问卷会将每一个关键行为能力在问卷上描述出来，然后让评估人在1～5分的尺度上给予最恰当的评分。比如，针对沟通能力的KBI描述如下。

沟通能力：1）能够及时、主动地跟团队和工作相关者保持充分沟通，共享有用的信息，并确保信息的一致性。2）能够以口头或书面的形式清晰表达一个想法，并能使用正式及非正式的途径来完成复杂的沟通，从而达到解决问题的目的。3）对上级交代或同事委托的任务完成以后，每一次都能及时、准确和完整地完成闭环沟通，确保任务下达者知晓全过程。

非常不同意—1分；不同意—2分；基本同意—3分；同意—4分；非常同意—5分。

国内的企业一般多采用打分式问卷，所以问卷的设计就需要将每一个KBI清楚地描述出来，便于打分者快速地打分。这也符合中餐的特点，忙在厨房里，闲在餐桌旁。

第五步：报告环节。

关于流程，有一个经典的说法：**没有报告的流程就是糟糕的**

流程。"报告"环节就是360绩效反馈流程中的闭环环节。报告一般包括：

- 自我评估报告。
- 每一个人的360度绩效反馈报告。
- 如果是打分式问卷，每一个分值建议保留小数点后4位以备区分性分析之用。

如果软件系统足够强大，建议还要包括以下报告：

- 能导出每个人的总结版报告，方便管理者重点了解每个人的评估结果。
- 每个人都有一份可量化和图表化的KBI能力报告。

第六步：反馈面谈。

反馈面谈是闭环环节的具体体现，没有反馈面谈的360度绩效反馈流程是没有意义的。管理者要根据生成的报告，为员工创建行动计划。行动计划应基于报告中确定的改进领域、盲点和技能差距来创建。行动计划创建好了以后，管理者要通过邮件和会议工具跟员工约定反馈的时间，通过仪式感效应让大家都重视反馈环节。

反馈谈话至少要进行30分钟到60分钟，谈话的内容建议是2/3的时间谈优势，1/3的时间谈改进。最理想的反馈效果是让优秀者感到持续的动力（motivated），让落后者听到要点（get the message），感到压力的同时而不至于心灰意冷。这也是对反馈者绩效管理能力的一种考验。谁说绩效反馈只是考验被反馈者的？

绩效面谈反馈是关键的沟通机会。这里我们也提供一个典型的绩效反馈流程。

准备阶段：反馈者要确保了解员工的工作职责和目标，收集数据和信息，准备讨论的事项。

设定会议时间：给予足够的时间，让员工了解会议的目的，并提前通知，使其有时间准备。

开场：营造轻松的氛围，重申会议目的和期望。提醒员工这是双向交流的机会。

分享观察和数据：提供具体、可衡量的反馈。分享成功和改进的地方，以及如何对其提供支持。

倾听员工见解：让员工分享他们对自己绩效的看法。倾听他们的想法、挑战和需求，但不轻易改变评估结果。

确立目标和行动计划：合作制定新的目标，确保它们可测量和可达成。共同制订解决问题或发展机会的行动计划。

跟进与支持：定期跟进进展，并提供支持和指导。

记住：关键在于建立积极、合作的氛围，使员工感到被尊重和支持，以便他们能够做出积极的改变。

第七步：坚信而不是相信。

这最后一步其实放在第一步来讨论可能更合理，只有坚定了信念才能把事情坚持做下去。正如前面讨论过的，通过KBI来考核一个人的能力不如通过个人KPI的结果来得更直接和更符合直觉，但是也正如我们所阐述的那样，以个人KPI论英雄的陷阱效应也是企业难以承受的。

据我的观察，一些企业放弃360度绩效反馈工具的原因之一是他们以"尝试"的心态开展这个考核项目，所以一遇到阻力和反对的声音，就没能坚持在不断优化中继续这个项目。我可以肯定地说，没有任何一家企业，一开始使用360度绩效反馈工具就一帆风顺的，对其一开始就赞不绝口的企业有，但应该不会太多。

中金公司第一次使用360度绩效反馈工具进行考核时，员工也是怨声载道，阻力马上就来了。庆幸的是，管理层并没有讨论要不要改用其他工具来考核，而是提出了"僵化，优化，优化，再固化"的推进模式，将360度绩效反馈理念和工具逐步落地。我当时对这个决定有这么一个总结：**"相信"**（believe）和**"坚信"**（believe in）的区别只有在关键时刻方显出巨大差异，它们是最能体现管理者水平的两个心理状态。"相信"是遇到阻力就会动摇的一种心态，"坚信"是一种"认死理"的心态。所以，这解释了对宗教的信仰是用believe in而不是believe的原因。

由上而下的薪酬方法论

1996年加入中金后，投资银行实行的薪酬理念让我对人力资源管理有了新的认知。可以说，这是一场脱胎换骨的改变。虽然当时我对华尔街9家顶级投行的200字薪酬理念箴言还不能完全领悟，但那段时间我反复琢磨和思考，对薪酬激励理念和人力资源管理本质还是有了更进一步的理解。图5-7是我对这套理念从方法论角度的一个总结。

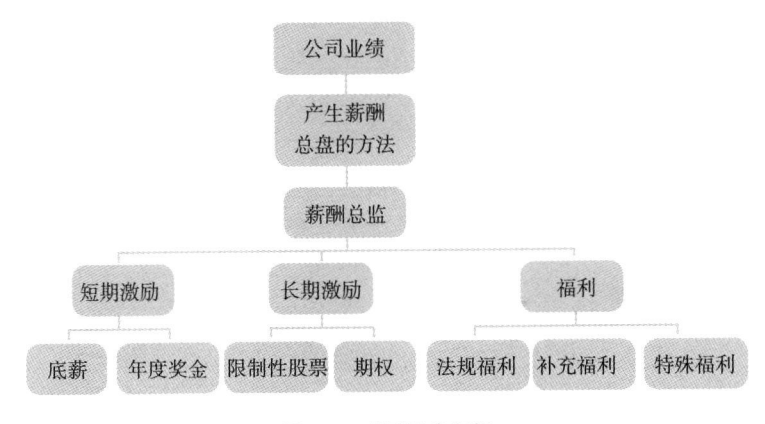

图 5-7 薪酬总盘框架

评价一个好的薪酬激励政策的标准就是简单明了、利于执行。简单明了就是：一石二鸟，甚至三鸟。管理者只需做出一个薪酬决定，每个员工的所有激励要素就已经形成。例如，一旦决定了每一位员工的总体薪酬，他的奖金、股票或期权就已经决定了。我们暂且拿投资银行行业的薪酬理念来分析一下图5-7是如何运作的。

好用的"三费率"

薪酬框架图总体遵循的是一个自上而下的原则：始发点是公司业绩，从公司业绩出发，产生确定薪酬总盘的方法。这个产生薪酬总盘的方法，我把它称为"三费率"。什么是三费率？我们在这里不妨好好地讨论一下它。我认为三费率是企业管理界一个非常智慧的发现或发明。如果物理界的最美公式是：$E=MC^2$，那么管理界的最美公式就非"三费率"莫属了，它能让管理者提纲挈领地了解到公司的经营状况。三费率公式如下所示。

费率一：薪酬费用÷净收入
费率二：非薪酬费用÷净收入
费率三：薪酬费用÷（薪酬费用＋税前利润）

这三个费率不仅为股东、公司和员工三方的成果分配提供了一个非常智慧的最优解，也为企业管理者提供了一个简约但不简单的了解企业效率（efficiency）和效能（effectiveness）的管理工具。

效率和效能这两个概念在商业环境中经常会被使用，两者都关注结果，但是有着明显的区别。

效率是度量一件事做得有多快以及使用的资源有多少的评估标准。当提到效率的时候，我们通常关注的是，达到特定目标需要消耗多少时间和资源。

例如，一个员工一小时内能完成多少工作任务，这是衡量员工工作效率的一种方式。

效能是度量究竟能否达到目标，或达到多大程度的标准。也就是说，当我们谈论效能时，我们主要关注的是操作或策略的实际结果，而不是它们需要花费多长时间或消耗多少资源。

例如，一个员工可能花费了大量的时间来完成工作任务，但如果他成功地使销售额增加了20%，那么我们就可以说他所花费的时间是更有效的。

总的来说，效率是关注"做事"的过程，注重速度和资源的优化。而效能关注"做对"的事情，注重结果和目标的达成程度。前者是正确地做事，后者是做正确的事。

我们知道，企业的一切活动都是围绕效率和效能展开的，效能好，效率一定高，但是效率高，不一定效能好。比如行驶车辆少的高速公路，其交通效率是高的，但是经济效能就不会太理想。给行业和企业找到最佳三费率就需要考量管理者的智慧了。

费率一和费率二是效能指标，衡量公司是否有足够的现金来支付员工和扩大再生产；费率三是效率指标，衡量公司是否高效地使用了有限的资源。这三个费率的比率会因行业的不同而不同，但并不是行业使它们不同，而是不同行业里充满智慧的股东、企业管理者和员工使它们不同。比如在知识密集型的金融行业，这个比率区间大致如下。

1.效能指标：薪酬费用÷净收入[1]（一般为30% ~ 35%[2]）

根据不同行业的财务标准，净收入的定义会有所不同。例如，在金融行业，净收入通常是指总收入扣除商业税后的金额；而在零售行业，则是总收入扣除退货等成本后的金额。可能有人奇怪

---

[1] 净收入的定义是：总收入减商业税或者退货等。
[2] 2008年金融危机之前这个比率区间是35% ~ 45%，那时企业的杠杆率较高，企业对技术的投入也较少。

为什么不同的行业对净收入的定义会有所不同？**因为这属于管理会计的概念，不是普遍认为的财务会计的概念。**为何要选择净收入而非总收入做分母？因为某些公司的财务记账方式可能根据合同金额记账，但合同执行后可能出现退货等情况。因此，使用净收入做分母可以更准确地计算公司的薪酬费用占净收入的比例。

2.效能指标：非薪酬费用÷净收入（一般为25%～30%）

3.效率指标：薪酬费用÷（薪酬费用+税前利润）（一般<60%）

也就是说，如果一家知识密集型的企业，它的"三费率"是在上面的比率区间内的，说明它的效率和效能是优良的。即：（1）公司所创造的收入足以给它的员工支付有市场竞争力的薪酬；（2）公司所创造的收入足以给其提供扩大再生产的现金；（3）公司的经营管理是高效率的。

更直白地说就是，公司每赚100元钱，员工、公司和股东分别可获得35、30、30元。读者可能会疑惑：这三个数字相加怎么不是100？这是因为还有税费部分不在我们的讨论范围。我们用下面表5-2来说明知识密集型行业的三费率特点。

表5-2 知识密集型行业三费率

分项	数值	各项指标	比例（%）
净收入	100		
薪酬费用	35	薪酬费用÷净收入	35
非薪酬费用	30	非薪酬费用÷净收入	30
税前利润	35	薪酬费用÷（薪酬费用+税前利润）	50

续 表

分项	数值	各项指标	比例（%）
所得税	5	所得税÷净收入	5
净利润（税前利润－所得税）	30	净利润÷净收入	30

在劳动密集型的行业，这三个比率大致如下：

1. 效能指标：薪酬费用÷净收入（一般为18%～22%）
2. 效能指标：非薪酬费用÷净收入（一般为50%～60%）
3. 效率指标：薪酬费用÷（薪酬费用＋税前利润）（一般为<60%）

也就是说，如果一家餐饮连锁店的三费率是在上面的比例区间内，则说明它的效率和效能是优良的。根据上面的比例，公司每赚100元钱，员工、公司和股东分别可获得18、60、16元（还有6元是税金），如表5-3所示。

表5-3 劳动密集型行业三费率

分项	数值	各项指标	比例（%）
净收入	100		
薪酬费用	18	薪酬费用÷净收入	18
非薪酬费用	60	非薪酬费用÷净收入	60
税前利润	22	薪酬费用÷（薪酬费用＋税前利润）	45
所得税	6	所得税÷净收入	6
净利润（税前利润－所得税）	16	净利润÷净收入	16

从这两种行业的企业的三费率可以看出，企业的股东基本将自己的收益跟员工的收益保持大体一致，然后根据企业所处行业

的特点决定预留企业的发展资金保持在什么比率更符合企业的长远发展需要。所以**均衡**而不是**平等**是优秀企业保持各方持续激励的一个成果分配理念。**人类追求权利的平等，企业追求各方利益的均衡。追求平等靠争取，追求均衡靠智慧。**

需要指出的是，这个三费率公式不会出现在任何财务或管理教科书上，因为它们不是学校课堂上的理论总结，而是一些管理比较先进的企业管理者在管理实践中得出的智慧结晶。比如用它来决定企业的薪酬总盘，或者用它来衡量公司总体的财务表现等，它是一个比较简单实用的管理工具。

薪酬政策

薪酬费用与公司净收入的百分比确定后，薪酬总盘也就确定了，接下来就是制定公司的薪酬政策了。薪酬政策可以根据薪酬市场的25分位、50分位和75分位制定。

例如，薪酬政策可能规定，绩效能力A类的人员可以拿到75分位的市场薪酬，B类人员拿到50分位的市场薪酬，C类人员拿到25分位的市场薪酬或零奖金等。

如此划分之后，再汇总公司的A、B、C类人员的全部薪酬，如果发现薪酬总盘占公司净收入的30%左右，说明公司业绩和状态非常好，效能指标健康，有能力支付有市场竞争力水平的薪酬来激励和保留员工。

但是，在实践中，企业也会面临这样两个问题。

第一个问题是：有限的薪酬资源应该强烈倾斜到A类人员身上，还是相对平均到其他人员身上？对此问题并无定论，由公司管理层决定。随着核心人才的竞争加剧，越来越多的企业采取将薪酬向A类人员倾斜的政策。

第二个问题是：对于C类人员，薪酬发放是与去年保持相同还是下降，抑或是辞退？

这些都是考验管理者决策能力的问题，可能没有对错，只有是否符合公司的长期人才战略。

薪酬构成

薪酬政策确定之后，就该确定薪酬构成了。薪酬构成一般包括三个方面：一是短期激励，即底薪和年度奖金；二是长期激励，即限制性股票和期权；三是福利，包括法定福利（如五险一金）、补充福利（如补充商业保险）和特殊福利（津贴、食堂、健身卡等）。特殊福利不同于福利（benefit），它有一个专属名词叫"perk"。

其中，底薪根据员工的学历、技能、经验、历史底薪数据和岗位的市场定价来设定，底薪跟职级挂钩。头部企业已经形成了行业规范的人员级别和底薪，同行业的头部企业，如各家投行之间的底薪差别不会很大，甚至可以说完全一致。如果企业所处的行业没有形成这种规范，就只能尽量参考市场成本价格来决定底薪。

年度奖金在许多企业是可以提前量化的，比如这些企业在聘书中会将奖金描述为 x 月的月薪或者 x% 的年度底薪。但是国际投行的年度奖金是一个无法提前量化的概念。按照它们的理念，奖金的计算公式为"奖金＝总薪酬－底薪－长期激励－福利"，因此员工的奖金不是刚入职时就确定的，也不是业绩达成率与底薪的乘积，而是一个有颠覆性的逻辑。所以这里需要有一个"范式转变"（paradigm shift）。

股票或期权作为一种长期激励手段，被企业广泛用于对高管的激励，似乎日渐成为经营层的特权。但在头部企业，比如投行，股票或期权的获得一般与职位级别没有太大的关系。作为递延奖金的一种表现形式，股票或期权被赋予对公司最有价值的那些人。它的价值链逻辑是，个人价值跟个人总薪酬的价格相关联，股票或期权又与个人的总薪酬（而不是奖金）相关联，当个人的总薪酬达到一定额度后，就会有一定比例的奖金以股票或期权的形式来体现。有时候，某些能力突出的低级别员工会比高级别员工的总体薪酬高，其奖金自然也高出许多，相应地，这些低级别员工的薪酬中也会有较大比例的股票或期权。这种做法的好处是显而易见的。首先，员工的资深度与奖金没有绝对的正相关关系，这样能够最大程度地激励每一个有能力的员工。其次，这可以缓解了企业现金流的压力，同时也让员工的离职成本增加，使得员工的利益与企业的利益高度一致，增强了员工对企业的认同感。

公平地分配限制性股票或期权，使其与员工的能力和业绩挂钩，是薪酬激励设计的一个关键所在，如何设置这个挂钩机制呢？这里有一张表，如表5-4所示。

表 5-4　限制性股票份额跟薪酬总额如何挂钩

薪酬总额 / 元	限制性股票份额 /%	股票资金 / 元	现金发放 / 元
500 000	5	25 000	475 000
50 001~600 000	10	以此类推……	
600 001~700 000	15		
700 001~800 000	20		
800 001~900 000	25		
900 001~1 000 000	30		
1 000 001~2 000 000	35		
2 000 001 以上	40		

企业根据每年的业绩划分不同的限制性股票的比例，从而调整现金奖金和股票的比例。限制性股票发放的比例越大，被强制购买的公司股票的比例就越大，相应发放现金的部分就越少。

员工福利在现金为王的金融行业中一般不被重视，这是因为金融行业深谙现金的时间价值之道。因此，在金融行业薪酬体系中，福利的设定一般遵循两个原则：一是遵守当地政府制定的和法定的福利义务，让员工和他们的家属的福利完全符合当地政府的规定，让员工在职期间没有对生老病死的担忧；二是如果当地的法规对企业的福利方案有税收方面的好处，公司就会执行这一福利政策，否则会将非现金的福利以现金形式发放。

制定一个薪酬总盘

一般来说，设计一个具有吸引力的薪酬体系，需要确定的关键点大致有以下四个。

（1）如何确定薪酬总盘？

（2）如何确定底薪、奖金的金额，底薪和奖金的关系，底薪和奖金的比例？［已经实行了总体薪酬理念的企业（如投行）对这一点不以为意，但其他行业比较看重这一点。］

（3）如何保证底薪的内部公平性，但又不失外部竞争性？如何把薪酬与绩效挂钩？

（4）尽管很多企业对薪酬设计投入非常多的时间和财力，探讨了薪酬体系，但似乎依然被这些问题所困扰。

在以上的四个要点中，如何科学加艺术地设立薪酬总额，应该是最重要的一环，因为它是整个设计步骤的基础。它的设计是否合理，决定了企业的盈利水平高低、员工薪酬在市场上的竞争力大小和行业的地位高低。

薪酬总盘的设计一般有两种方法：预算方法和企业收入比例法。

预算方法至今仍然被不少企业采用，许多企业在年初就会根据历年的人工成本及通货膨胀率等因素，确定下一年度的薪酬总盘。对这种预算的执行情况，也相应成为考察相关管理人员的关键绩效指标。采用这种方法的企业，一般在业务上不太积极进取，因为预算方法的逻辑就是向后看的逻辑，根据以往的数据来预测未来的数据。这种做法的最大劣势就是薪酬总盘被人为地规定在一个封闭区间内，而这往往制约着企业吸引优秀人才。通过预算制形成的年复一年的薪酬总盘，对企业吸引核心人才会产生一定的阻力，因为"根据预算，我们今年没有钱来破格奖励或招聘某人"会成为不奖励和不能吸引核心人员加入的借口。

现在，有些企业也开始重视薪酬总盘的动态管理，强调员工与企业动态地分享经营成果（关键词是"动态"），把薪酬总盘与企业净收入相关联。这似乎比薪酬预算制进了一步。这就是第二种设立薪酬总盘的方法，我们称之为企业收入比例法。这个方法的关键是如何科学和艺术地给企业制定合理的薪酬总盘和企业净收入比例，比例设立的原则就是前面提到的三费率方法论。它要考虑这样几个方面：（1）行业的每个费率的比例标准；（2）董事会给企业制定的财务业绩指标，如收入增长率、股权收益率等；（3）员工与企业共享企业收益的理念等。如前所述，不同行业的薪酬总盘与企业净收入比例有很大的不同，劳动密集型企业的这一比例一般为15%～20%，技术和知识密集型企业的这一比例一般为25%～35%，人才密集型的企业一般为30%～35%。投资银行属于人才密集型企业，所以其薪酬总盘占企业收入的比例比较高。薪酬总盘与公司的净收入挂钩，随着公司绩效表现而波动。

薪酬总盘与企业净收入直接挂钩，是有它的优越性的。其优越性主要表现在薪酬总盘不是提前预算好的，这个盘子到底有多大，取决于企业的收入有多高，这就为更高的激励提供了一个基本没有上限的奖励池。举例来说，关于薪酬总额的上限在哪里，投行有句名言："天空是封顶。"（Sky is the limit.）意思就是说，投行的薪酬总盘是没有上限的，因此理论上员工的奖金也是没有上限的。但是出于成本控制的原因，企业不会不设限地支付薪酬，只是设限的逻辑不是预算制，而是根据人才和岗位的市场价格来设限，优秀的企业都清楚这个道理：人是市场的人，不是企业的人。留人不是靠契约，而是靠企业对待人才的理念、方法和工具。从管理的角度看，前者是被动留人，后者是主动留人。

投行的收入和股市息息相关，但股市能走多远，没有人知道。因此在年度结账之前，谁都无法预知有多少钱可以作为薪酬发放。这意味着员工创造的财富越多，薪酬总盘就越大，员工的钱袋就越鼓。没有上限的薪酬总盘是投行薪酬体系具有激励性的关键因素之一。

利益分配员工优先

企业经营的主要目的是追求盈利和股东利益最大化。[①]在国内很多企业，股东利益最大化被理解为：在充分保障股东利益的前提下，员工方可分享企业经营成果。这种理念的直接表现就是在企业利益分配时，股东要先分享利润，之后董事会才会决定给员工留出多少利益。

股东的价值和作用在于为企业提供资金，并选举出好的管理层，然后就是放手让管理层使其资本增值。在利益分配时，企业优先考虑的应是支付多少钱才能留住优秀的员工，而非优先考虑股东该拿多少利润。员工满意是企业长远发展的基础。

---

① 我认为企业经营的目的除了追求盈利、股东利益最大化之外，还应考虑员工的需求。促进员工可持续发展能力最大化是企业的责任。

如同商品具有价值和价格两个属性，人亦如此。人们通过工作来获得和他们价值接近的价格，这种价格回报被称为总薪酬。

通过总薪酬来奖励员工，会明显优于用奖金来奖励员工。总薪酬是底薪、奖金、股票期权（如有）等的总和。有的行业对总薪酬有更加广义的解释，除了底薪、奖金和股票，还包括福利（benefit）、特殊福利（perk）、工作环境和公司品牌等。这种回报称为全面报酬（total compensation）。

尽管多数企业倾向于采用全面报酬（total compensation）的概念，但是知识密集型的企业，如科技公司、投行、咨询公司等基本都是采用总薪酬的概念。总薪酬与全面报酬最大的不同点就在于：总薪酬以现金为主，而全面报酬包含了许多非现金的成分，如福利、培训和工作环节等。现金激励比非现金激励更为直接。投行作为知识密集型企业的典型代表之一，深谙"现金为王"（cash is king）和现金的时间价值（the time value of money）的道理，因此使用的是总薪酬的奖励办法。

追求价格与价值的最佳匹配是人的自然欲望。满足这种欲望是薪酬发挥激励作用的一个关键点。总体薪酬的最大特点就是最大限度地体现了价值规律。价值与价格总是在最大限度地趋同。

既然总体薪酬包括基本工资、奖金、股票期权（如有）等，那我们先看看基本工资和奖金的不同（见表5-5）。

表 5-5 基本工资和奖金比较

项目	基本工资	奖金（现金＋股票期权）
定义	基于职位等级向员工支付的稳定性薪酬	基于公司绩效向员工支付的可变性薪酬
计算公式	依据职位等级确定	奖金＝总体薪酬－基本工资；股票期权＝a[①]奖金
驱动因素	学历及工作经验年限（资历）	公司绩效、部门绩效、市场水平、个人绩效
支付基础	基于职业等级（与绩效无关）	基于以上绩效和驱动因素
特点	稳定性、透明性	任意性、保密性
发放周期	月	年
保密程度	低	高
作用	保障性	激励性、体现个人价值

基于职位还是基于能力来确定基本工资，是一个理念问题，而不是激励问题。许多公司把基本工资的晋级晋档，作为激励员工的一种重要手段，这其实是企业选择了以固定薪酬作为主要激励手段的理念。在这种理念的指引下，资历、服务年限和职位的高低是主要的调薪参考。亚洲许多国家，如日本、韩国和中国的企业都实行这种激励理念，尤其是在实业领域。但是很多欧美企业选择将绩效的差异体现为奖金的差异，基本工资与绩效并无非常直接的关系，奖金的制定与个人能力和潜能（而不是资历和职位）有更为紧密的联系。这里我们可以扪心自问：将基本工资晋级晋档激励员工更有效还是将晋升激励员工更有效？我的答案是后者，因为晋升的结果是工资的提升。

---

① 股票期权的奖励比例，各个投行标准不一。一般的标准是：奖金超过10万元，a为5%；奖金超过20万元，a为30%；奖金超过30万元，a为40%。

在以基本工资作为主要激励手段的企业中，常见的奖金分配方式是，奖金等于基本工资乘以一个系数。这种做法的实质是，个人获得的总薪酬与基本工资的多少更相关。近些年，国内一些企业也开始实行年薪制，但薪酬的重心还是基本工资，所谓的年薪就是月薪×12个月。因此，很多人会把薪酬与基本工资（月薪）等同起来。在求职时，讨论薪酬首先谈的是月基本工资的多少，企业和个人往往投入很大精力就基本工资进行讨价还价。在这种薪酬模式下，基本工资是最主要的薪酬构成，抑或是最重要的薪酬浮动基础。可以说，基本工资已成为个人价值的主要体现。

但是如果用总体薪酬而不是基本工资来衡量一个人的价值，那情况会发生根本性的改变。套用"奖金＝总薪酬－基本工资"的公式，而不是"奖金＝基本工资×绩效系数"的公式，企业和个人就会将关注的重点从固定收入转变为浮动收入，从而激励个人和企业提高业绩。在这种情况下，基本工资是补充[1]，在总体薪酬中所占比例很低，奖金才是"大头"。这种做法降低了基本工资的作用和价值，使得基本工资不再是薪酬的焦点。公司和个人对薪酬的关注点会转移到总薪酬、奖金，以及公司、个人的绩效表现。我认为，这是薪酬管理的一个更为先进的理念。

---

[1] 投行的基本工资相对于总薪酬的比例比其他一些行业或许要低一些，但其总薪酬却会高出很多。这就使得一些人在转行进入投行时，其当前的基本工资远远高于投行同等级别职位的水平。一种常用的解决方法是，依据投行的标准确定其基本工资，同时给予其一定的预支将来收入的权力。

"任意性"确定奖金分配

判断一个人值多少钱，永远是主观的，但每个公司都通过各种方法使之尽量客观，比如使用量化指标等。然而，量化指标的客观性并不能一直持续。就像薪酬按照业绩指标设置，看似有顶，实则无顶（员工欲望无法得到最终满足，企业无法承诺回报），薪酬总盘的设置直接与企业净收入挂钩，也是看似有顶，实则无顶。

总薪酬的确定采用的是一种最简单、最原始但最行之有效的方式，我们称之为"任意性"原则或"自由裁量"原则（discretionary）。

人们往往很难理解"任意性"或"自由裁量"的含义，觉得薪酬的确定怎么能是任意的和自由裁量的呢？其实，"任意性奖金"这个提法在全球500强企业中已经司空见惯，但在中国企业的聘书中，最早应该是出现在中金的劳动合同中，从英文"discretionary"一词直接翻译而来。在亚洲的激励文化中，"任意"决定奖金确实比较"反人类"，这一做法当初也不能让人理解和接受。作为妥协，我们在合同的中文版本中将它翻译成了"奖金（如有）"。这样的安排从某种程度上在一定程度上掩盖了"任意性"的不合理。

很多人不理解，奖金为什么是"如有"，难道还可能没有？答案确实如此，奖金取决于公司的业绩收入多少和员工当年度的360度绩效反馈结果。

每个财政年度结束后，公司会根据当年的业绩和年底员工的

360度绩效反馈结果制定本年度的薪酬总盘。然后，各部门高管就会召开会议以确定每位员工的薪酬总额，使用的方法因公司习惯不同而不同，但是逻辑是一样的：根据员工的综合能力和行为表现，结合360度绩效反馈的分布情况，划分出20%、70%、10%三个等级区间，再据此结合岗位的市场分位得出薪酬总盘的额度和分配方案。

如前所述，个人年底的总薪酬是由4个"驱动因素"产生的，它们分别是：

（1）公司的业绩（决定"蛋糕"是否够吃）。

（2）个人岗位薪酬的市场定位（决定是否能够支付个人有竞争力的薪酬）。

（3）个人的能力（决定个人可以分到多少"蛋糕"）。

（4）个人承担的责任大小（决定是否能够公平地支付给个人）。

一般来说，绩效表现好的公司会按照市场的75分位薪酬水平给员工发放奖金。但当公司绩效低于市场水平时，奖金分配就体现出了高度的区分性，比如将有限的薪酬资源向绩效A类的员工高度倾斜以保留这些对企业最有价值的人，按照市场水平的75分位来支付他们的总薪酬，其他员工的薪酬则会保持在市场的中位数或25分位的水平。

我们再花上一些笔墨讨论一下"管理层自由裁量奖金"这个概念。"管理层自由裁量奖金"的对立面是"公式化奖金"，是根据公司设定的明确公式或标准来计算的奖金，通常基于员工的绩效、公司业绩等可量化的指标。这样的奖金发放通常更有预测性和透明度,因为员工可以清楚地知道如何通过达成特定目标来获得奖金。这样的奖金安排似乎更符合国人平等和公平的文化。这也许解释了为什么到目前为止,在国内即使有的企业已经采纳了最先进的国际企业管理方法,也没有采纳"自由裁量"的奖金发放方法。由于市场上没有哪家企业是这样描述奖金的,所以企业在招聘新人的时候还是要向市场规范妥协,否则很难说服新人加入。

其实,我还真的很期待有越来越多的国内企业能够从"公式化奖金"发放方式过渡到"管理层自由裁量奖金"的发放方式,这种转变说明企业不仅做大了,也做强了,还掌握了将组织机制和员工动机相结合来激励员工的方法论。

"管理层自由裁量奖金"允许管理层基于员工的整体表现、贡献和价值,灵活决定奖金的发放。这种方法更能够认可员工在各个方面的努力和贡献,而不局限于数值或公式化的指标。这种奖金体系可以更好地激发员工的创造力、团队合作精神和创新精神,因为员工意识到他们的努力和贡献会被公司全面认可和重视。

相比之下,"公式化奖金"可能过于依赖固定的指标或公式,忽视了员工在其他方面的努力和贡献。它有时会限制员工的动机,因为他们可能会感到只有达到特定的数值目标才能获得奖金,而忽视了其他可能对企业同样重要的因素。

因此,"管理层自由裁量奖金"更适合鼓励员工全面发挥其潜力、积极参与和创造更大价值,而不仅仅是单纯追求符合预定指标的结果。

我们可以举例说明一下员工其实是非常喜欢"管理层自由裁量奖金"的。

我曾经帮助一家被辅导的企业面试一位销售总监候选人,当问及他最喜欢什么样的激励政策时,他说在目前的公司,有一点做得比较好,如果当年的公司业绩好(不仅仅是个人业绩好),领导会在年底突然给他们发放额外的大奖金包,他本人就领到数额高达50万元的大礼包。他非常喜欢以这种方式获得奖金,认为这比固定公式下获得奖金的方式更爽。其实这个50万元的大奖就是"管理层自由裁量奖金",它没有测算公式,获奖者其实也不想知道这50万元是如何测算出来的。

试想:如果下一年的业绩不太好,员工没有收到这个"管理层自由裁量奖金",也不会太沮丧,因为确实没有做好。如果又是一个丰收年,员工除了拿到固定计算的奖金,对"管理层自由裁量奖金"也是有期盼的,这个期盼就可以很好地调动员工的内在动机。

如果企业想尝试着转变,我有一个建议供参考:可以在"公式化奖金"的基础上增加一个"管理层自由裁量奖金"或酌情奖金的机制。聘书可以这样写:

你的绩效奖金相当于x月的基本工资,将跟你的业绩定量和定性指标挂钩。除此之外,管理层会根据当年公司的业绩结果考虑发放额外的"管理层自由裁量奖金"。

员工刚开始也许不了解什么是"管理层自由裁量奖金",但是经历过一次后可能会有不同的激励体验感。

科学的级别管理与晋升

晋升是企业主要的激励手段之一。对个人来说,晋升是一种获得自我满足和迎合社会期许的必然产物。个人在获得一定的职场经历后,就会自然产生晋升的欲求。无疑,科学有效的级别体系对公司管理员工的晋升和职业发展具有关键意义。

级别具有两种功能,即公司功能和业务功能。许多公司设立了公司级别(corporate title)和业务级别(business title)两种级别体系,前者对内,后者对外。这实际上是将级别的两种功能分离的结果。就晋升管理来讲,这两种级别各具特点。亚洲文化推崇社会地位和管理权力,似乎比较看重业务级别。但是,基于业务级别的提升与公司发展、组织变革及他人绩效有很大的关系,更多是组织内相互竞争的结果,具有很强的封闭性和有限性。对扁平化的组织来说,可供提升的岗位数量在很大程度上不能满足员工的晋升需求。毕竟,公司不能有无限多个 CEO、COO(首席运营官)等高级职位。而基于公司级别的晋升更多的是一种个人自我发展的提升、相对的提升,更容易实现个人对晋升的期望,是一种较好的激励方式。从目前的情况来看,似乎只有投资银行将公司级别(corporate level)和业务头衔(business title)合二为一,其级别[①]体系融合了公司级别和业务级别的优势。

在投行，一个人是否可以被晋升，取决于多种因素。第一个被考虑的条件是他的岗位是什么级别的。投行经常会因人设岗，有时候，一些岗位通常是较低级别的，但这个岗位的任职者达到了一个更高的级别，也会通过晋升达到扩大部门影响力的目的，但这一般发生在业务部门。就晋升管理而言，在通常情况下晋升主要考虑两个因素：（1）年限因素，即某人在某岗位任职的年限，当触及某一级别的最低年限要求时，该员工就满足了"年限符合原则"（eligibility rule）；（2）合格原则（qualification rule），即某人在能力上是不是一个合格的晋升人选，公司会通过360度绩效考核来评估其是否具备晋升到更高一级的经验、领导力、前瞻性及与公司共同发展的能力和综合素质。只有某员工满足了以上两个条件，公司才能认真考虑晋升该员工。

从投行的级别体系我们可以看出，应届毕业生作为初级分析师加入投行，每工作一年都会在这个级别上增加一年的时间，一般两到三年就会有级别晋升的机会。投行的级别体系一般是5个职级，每个职级一般有2～3年的年限，按照正常的晋升年限，12～14年后，如果他的表现持续优秀，他就会达到公司的最高级别。但很多人在中途被淘汰了，而没被淘汰的人员如果没有上升到一定的行政级别，如某部门的高管，一般也会在一段时间后退出这个行业。这些人正当壮年，身价也不低，很容易在其他行业成为"抢手货"，也有很多人自己开始创业。从投行离开的人还有

---

① 主要指专业级别。非专业级别差异不大，此处不赘述。

从政的传统，比如高盛的很多资深人士退出投行后成为联邦政府或州政府等机关的官员。他们用各种方式体现着自己在投行多年的价值积累。

投行的级别分为专业级别（exampt）和非专业级别（non-exempt）两种。专业级别的雇员是免除加班费的群体，所以他们属于exempt序列，他们不享受加班费，加班是为了满足客户或同事的需要。可以说，客户和同事决定了他们的加班时间。

非专业级别的雇员是享受加班费的群体，所以他们属于non-exampt序列。国际上一些发达经济体的劳动法规定，当员工70%以上的时间是由他们所服务的人员如老板或其他专业人员安排的，他们就应当享受加班费。这个群体的典型代表有秘书、行政助理和司机等。

非专业级别一般分为1～5级，体系相对简单，各公司做法不一，一般都会根据实际需要确定。

这种所谓的专业与非专业级别划分在国内一些比较优秀的企业也有类似的做法，但是使用的术语有所不同。比如在华为，它的专业术语是"指令性加班"和"非指令性加班"。指令性加班就是领导安排的、必需的加班，而非指令性加班主要是指员工自愿的加班行为。对于公司领导安排的指令性加班，员工需要提交加班申请。华为会按照法律规定给予相应的加班待遇，一般采取周末调休的方式予以补偿。如果员工周末不能调休，那么华为需要支付加班费。但是，员工如果被安排指令性加班，又不提交加班申请，那么就得不到相应的加班待遇。①

投行典型的专业级别一般有5个层级（见图5-8），分别是分析师、经理、副总裁、执行董事、董事总经理。有些投行会在董事总经理之后增加合伙人这一级别。

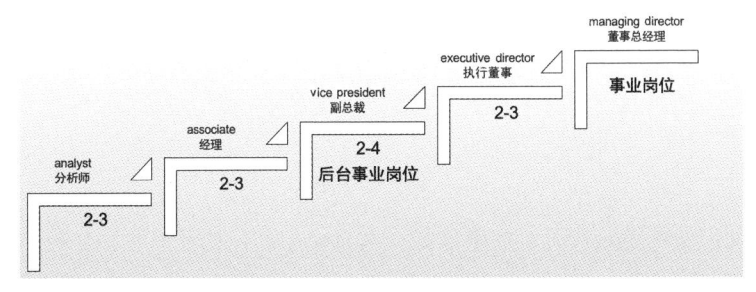

图 5-8　国际投行专业级别示意

前台与后台的专业级别大体相同，但是后台会多出两个级别。级别也是资源，增加两个级别可以释放出更多的岗位资源来安排更多的人员。考虑到后台的成本相对较低，市场的竞争性也不是很严酷，企业一般会增加后台的职级来保留优秀人员，如表5-6所示。

表 5-6　前台与后台的级别差异

项目	后台	前台
专业级别数量	一般为 7 级	一般为 5 级
专业级别名称	分析师/经理/高级经理/总监/副总经理/总经理/董事总经理	分析师/经理/副总经理/总经理/董事总经理
晋升依据	基于职位（job-related）	基于能力（potential-related）

---

① 摘自卓雄华、俞桂莲的《股动人心：华为奋斗者股权激励》一书。

一般来讲，前台人员若要晋升，更看重个人的业绩和成就，而且工作的风险、挑战及流动性都比较大。比较少的级别意味着可以获得比较快的提升，更利于激励员工。而后台作为成本中心，提升过快则会导致公司成本加大。因此，后台人员虽然每年也会得到提升，但比前台人员多了两个级别（年限上多了4年），在薪酬提升上也没有前台的幅度大。

前台与后台的另一显著差异在于：前台人员的提升主要基于能力和财务业绩；而后台人员的提升则是基于岗位胜任力的要求，到了一定的级别，如果岗位不要求由更资深的人员来承担，一般就不会再得到晋升。如果该员工对自己的职位比较满意，公司也认为其胜任该岗位，他就会稳定在该级别，不一定非要晋升到最高的级别。

第六章

考核——行为考核与360度绩效反馈法

人力资源管理既植根于企业管理，又是企业管理的精髓。德鲁克认为，管理要围绕着人与权力、价值观、组织机构和制度来进行研究，最重要的是，要把管理当作一门真正的艺术来研究。我们讲管理，必须知道管理的对象是谁，主体是谁。无疑，管理的主体是人，对象也是人，所以，德鲁克特意将"管理是关于人"的理念放到了管理原则第一条的位置。

我们常听人说，人力资源管理是非常复杂的，因为它不仅是一门科学，更是一门艺术。管理的奥妙就在于人、物、事三者之间的关系。其中，人是有创造力的，不同的人搭配不同的物与事，会产生不同的结果。

不过，如果将事情想得太复杂，说明思考得不够深入。据我所见，"高手"一般都是先对复杂的事情进行系统化的全面思考，然后再找出那些稳定的、共同的、规律性的特征，由片面到整体、由整体再到本质地思考问题。像我们熟悉的日本学者大前研一在《企业参谋》[①]里提倡的"在充分吃透事物本质的基础上，最大限度地发挥人的大脑作用的思维方法"，它强调的是，世界上的事物未必都是线性的，所以在分析各个因素之间的联系时，最能信赖

[①] 《企业参谋》中文版于2007年1月由中信出版社出版。——编者注

的不是线性分析法，而是具有最大非线性功能的人类大脑。

人们认为人力资源很复杂，往往是因为还没有找到那种抽象思维方法，抑或是习惯用线性分析方法。就像我们说的，薪酬激励过度会陷入量化指标怪圈，绩效考核采用结果数据倒推方法……如此下去，迷茫者有之，失望者有之，仿佛越是究其理，越是难自拔。

那么，我们又该如何找出那些稳定的、共同的、规律性的特征呢？前面讲过，知道做什么、知道如何做、知道为什么做，这是对知识的理解和运用，也是一种思考问题的方法，按照这种思考方法，我们来看绩效考核，事情就变得更加明了了。**绩效考核只需要做到三件事：考核什么，用什么工具，怎么考核。**

"考核什么"其实就是"知道做什么"（know-what）与"知道为什么做"（know-why）层面的事情，这时，我们要做的是回归本源：绩效考核究竟是考核输入还是考核输出？这是一个根本性的问题。"用什么工具"与"怎么考核"是"知道如何做"层面的事情，这里涉及了方法论。没有方法论，只谈技术，人力资源管理工作就会变成空中楼阁。

从我所从事的人力资源管理实践来看，我们需要想清楚这三件事。

- 考核什么——考行为（KBI）。
- 用什么工具——360度绩效反馈。

● 怎么考核——三个能力维度[①]。

想清楚这三件事可以让绩效管理和考核变得简单,这不失为一种考核的方法论。可以说,随着社会经济的发展、企业组织的变革、个体的激活,这套方法论对企业的适用性更强。

行为考核法:行为比业绩结果更客观

凡事都有其背后的逻辑。管理是关于人的逻辑,逻辑之所以重要,是因为其可以存放知识和信息。大量的事物杂乱无章,信息更是如大爆炸一般,而逻辑可以将其统统承载下来,使其变成一条条普适规律。

理念也是如此。理念无法被准确定义,外延务虚,内涵务实,可以指导行动。可以说,逻辑是科学的方法论,理念是人类活动的方法论。理念与逻辑有所不同,理念本身是价值判断,不存在对错之分,只有适合不适合。

之所以先强调理念的作用,原因有两点:一是与逻辑类似,理念可以将复杂的事情抽象出来,再具象化,能够切切实实地解决问题,是治本的做法,这也是本书一直在强化理念的意义的原因。二是与逻辑不同,理念不是科学,人力资源管理中没有对或者错的理念,因此,我们需要做的是选择一种与自身企业相适合

[①] 指专业能力维度、商业能力维度和管理能力维度。每个能力维度由若干个核心能力组成,每个核心能力由若干个行为指标(KBI)组成。

的理念,而不是盲目照搬。

如果从这个角度去分析,绩效考核存在两种理念:是结果主张,还是过程主张?结果主张是考核输出(结果),过程主张是考核输入(行为)。进一步说,结果主张关注短期效果,重视产出,过程主张关注中长期效果,重视产能。结果主张是百米跑的逻辑,过程主张是马拉松长跑的逻辑。

这是什么意思呢?考核输出,意味着到了年底,企业要考核员工在一年中输出了什么,根据输出的"东西"决定员工的"收获",这是一种重结果的考核理念。我们常常听到老板这样对员工说:你今年年底的业绩目标是这么多,我不管你用什么方式,我只看结果。这是典型的考核方对被考核方的说法,这样会导致两个后果,要么企业被明星员工绑架,要么员工感到孤立无援,无法成长。

考核输入则不同,考核输入的理念是企业要重视员工的符合企业价值观的行为。企业认为,如果员工平时的行为都是有利于企业的使命和符合企业价值观的,那么,结果一定不会太差。

一般来说,强调考核输出的企业都处于企业发展的初期,这个时候企业还没有形成品牌、客户群体、重复购买客户群和收入模式,资金紧张,经营压力巨大。这个阶段的企业管理者会比较注重短期激励,希望结果立竿见影,这是可以理解的。但是如果经营了10年以上的企业还是不得不强调考核输出,那就要检讨企业的商业模式和管理者的管理能力了,尤其是企业通过运营活动获得现金流的能力,即企业的造血能力。

考核输出的理念产生的效果就是重结果。重结果的好处是,效果立竿见影，不过它是一个短期的行为。比如：我们通常说，如果一个国家过于追求GDP，短期内的效果可能会特别明显，但一个国家从长期发展来看还是需要追求高质量的、可持续的经济发展；而考核输入就是注重长效发展的方法论。

我比较崇尚行为主义，从一个人的行为以及他的情绪、言语、思维、表现、人格等方面，就足以考量出他的业绩表现。行为描述能让员工意识到他能够在组织内得到成长，不断晋升；同样，行为描述也能让员工清晰地意识到他确实无法胜任工作，甚至是主动离开。

行为考核，辅之以科学的工具，能够更客观地对一个人的行为进行判断。比如，现在很多市场化导向的大企业在绩效考核中只认360度绩效反馈，它们认为这种考核工具更客观，相比量化的考核工具更能反映一个员工在企业里的综合能力。

我曾经有一次亲身经历。业务部门要解聘一位员工，销售主管、人力资源部人员一起出面跟这位员工谈话。由于是要解聘，气氛相对比较紧张。销售主管对员工说："想必你也知道，出于经济环境的原因，公司要裁掉一部分人，很遗憾，你是其中一位。今天与你沟通，是正式进行通知。我们会给你一笔很好的补偿。"听罢这话，员工很不服气，他随即反问道："为什么是我？"

其实，这个问题对任何管理者而言都很难回答。因为在一个顶级企业里，员工之间的能力是非常接近的，被解聘的对象基本都是优秀中选次优，如果用量化的方法来选择次优，效果并不好。假设管理者说，我要求你开发10个客户，但你一个都没有开发出来，所以我们要解雇你。听到这个解雇的理由，大部分员工心里会不平衡，他们会认为，开发客户应借由集体的力量，数据不达标未必是个人的原因，可能公司的实力、业务方向、上司管理等都有问题。即便是员工对业绩考核无法辩驳，但他内心通常是不认可的。

当被解聘员工提出"为什么是我"的问题时，作为主管和人力资源部经理，是必须回答的。接下来的回答让我们看到行为考核在优秀企业中的一些优势。这位销售主管这样回答道："你这个问题提得很好，其实我也一直在想，我们为什么选择了你，而不是其他人。我可以描述一下我对你的感觉。作为一名资深销售人士，当在业务上有问题需要讨论的时候，我每次走出我的办公室，总是会到其他员工那里去沟通，而不会走到你的座位旁，而你的座位离我的办公室最近。我发现你经常比其他同事到得晚，我本以为你可能先去拜访客户了，但你并没有穿西装、打领带。如果你真的是去拜访客户，着装也不符合公司的规定，所以，我只能认为你是迟到了。这种情况已经多次发生。另外，从可量化的业务业绩来看，你的业绩也不令人满意。因此这次裁员，我们很遗憾地选择了你。"

这是一个典型的行为考核法，是一个与比较优秀和明事理的员工讨论离职的经典案例。我们可以通过行为考核，延伸出行为观测。通常，我们会通过一系列行为考量因素来决定哪些人可能留下，哪些人要离开。

行为考核法的理念强调输入的重要性，因为如果输入的是正确的行为，就会输出好的结果。但是对大多数处于发展初期的企业来说，强调输入是一个务虚的过程，它们往往会比较强调输出，也就是采取所谓的结果导向，或者称为可量化的考核。下面我们看一个结果导向的例子。

这是对一位人力资源总监设定的目标考核。目前，招聘一位员工花费的时间是25天，新的目标要求用18天完成，而人力资源总监实际上花费了20天完成。成本方面也是如此，如表6-1所示。这样的结果对这位人力资源总监是不利的。但是在这样的考核方式下，这位人力资源总监可以迅速调整工作方式以达到理想的考核结果，比如以牺牲人员质量来换取招聘目标的完成，为了完成时间上的要求而缩短招聘时间、降低招聘要求，为了降低成本而不引进猎头、不刊发广告等。但这应该不是企业想要的结果。

表6-1 目标考核举例

职位	人力资源总监					
结果	招聘合格的人员					
	每招一个所耗费的时间/天					
	目前	25	目标	18	实际	20
	每招一个人的成本/元					
	目前	2400	目标	1800	实际	2800
	控制缺勤率（折为天）					
	目前	7	目标	1	实际	2
	工资成本控制（内外市场比较率）					
	目前	1.5	目标	1	实际	1.1

因此，我们说行为即表现，但结果不代表质量。人力资源管理，管理的是人，是行为。所以，我们的人力资源管理更应该注

意以下方面：

（1）注重员工的行为和能力（KBI），而不仅仅是他们的个人绩效（KPI）。

（2）考核员工的行为而不仅仅是结果。

（3）鼓励员工的相互合作和创造性思维，这比关注短期结果更具价值。

2011年，有一本书很火，叫《海底捞你学不会》[①]。海底捞创始人张勇先生有一句话："不拿业绩去考核人。"当时我读了之后，感到海底捞的人力资源理念是到位的，这种理念正是绩效考核中的行为考核理念。但很多企业并不以为意，通常认为可量化的业绩大于一切。而其实，"业绩"这个词的英文是"performance"，正确的理解应该是"表现"而不是"业绩"。"业绩"给人的感觉是一个数字、一个结果，很多企业用KPI考量一个人的行为表现，这反而极大地限制了这个人的发挥。张勇在书中也大声疾呼："每个KPI的背后都有一个复仇女神！"这也是他对早年过于量化的结果考核的总结。据说翻台率是海底捞的一个KPI，员工的奖金跟这个KPI是直接挂钩的，结果发生了不少这样的事情：只要客人晚到一分钟，预定好的位置就要给到下一位客人。结果公司收到了不少客户的投诉，客户满意度的指标被大打折扣。

[①] 《海底捞你学不会》于2011年3月由中信出版社出版。——编者注

更注重绩效管理而不是绩效考核

很多企业对绩效管理缺乏足够的认识,认为绩效管理就是绩效考核,实则不然。从字面意义来看,绩效管理是"performance management",绩效考核为"performance evaluation"。前者注重的是管理,后者注重的是评估。从本质来说,前者"往前看",通过分析行为数据来预测未来的绩效表现;后者"往后看",记录每年的行为数据,为过去的行为和结果的现金化提供根据。做好绩效管理和绩效考核都非常重要,后者也是前者的一个非常重要的组成部分,只是两者不能等同而已,因为它们一个是解决企业和个人绩效的长效方法,另一个是为了发现短期的绩效问题。

绩效考核通常会给员工带来很大的压力,尤其是有些企业用绩效考核来决定晋升、奖金、调薪和末位淘汰,更容易受到员工的抵制,并且不利于企业管理。

绩效管理是一个完整的循环(见图6-1),其核心是持续的沟通,是管理者与员工之间的持续沟通。持续沟通会引发以下的完整循环。

```
          设定目标
         （第四季度）
    ↗              ↘
绩效考核            行动计划
（第四季度）       （第一季度）
    ↖              ↙
          年中回顾
       （第二、三季度）
```

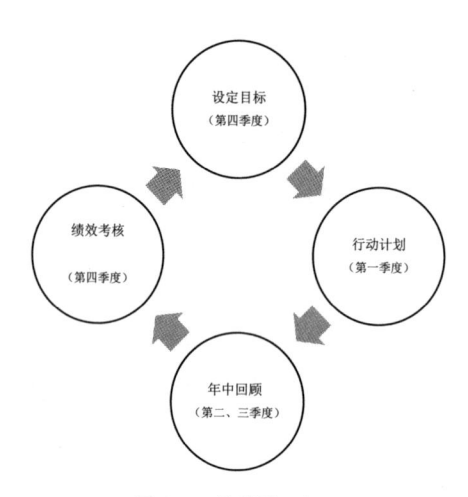

图 6-1　绩效管理循环

（1）设定目标（第四季度）：通常发生在第四季度，由商业目标及个人发展目标构成。

（2）行动计划（第一季度）：员工选择达到目标的方法，并制订行动计划。

（3）年中回顾（第二、三季度）：员工回顾个人发展计划，并进行进度管理。

（4）绩效考核（第四季度）：企业发现员工的优点，并确认需要提高的领域。

如此来看，绩效考核只是绩效管理中的最后一个环节，其目的不是涨工资，不是实现末位淘汰，而是持续提升组织与个人的能力，保证企业的可持续性发展。绩效考核是为了客观评价员工的表现，并进行有效激励。

更进一步来看，在绩效管理中，无论是对于人力资源管理还是对于企业管理，管理者的角色不应该只停留在目标制定者的定位，更不是"袖手旁观"者，而应该是目标达成的辅导者、教练员、帮扶者。绩效管理要从企业的角度出发，持续跟踪和关注员工在一年中的绩效变化，通过沟通、反馈、培训等方式来提高员工的工作能力，帮助员工实现既定目标，这就是所谓的过程管理的重要特点。

实际上，这是组织"干预"的作用。在新人入职时，企业应该有态度与方法来帮助新人适应企业，而不是"袖手旁观"；否则，一段时间后，新人要么适应企业，要么离开，而更多的是后者。如果新人要很长一段时间才能适应企业的发展，有效的人才路线就变得不可持续，这是企业采取"袖手旁观"的结果。所以，企业对绩效管理和考核一定要采取"组织干预"的行为。组织干预是一项系统工程，是建立在企业价值观和企业人力资源管理理念上的组织行为。这些干预行为由企业的管理者和员工共同实行。

这些行为包括绩效计划、绩效沟通、绩效反馈和绩效考核等多个阶段，如果计划制订得不合理，会出现员工无论如何努力都无法完成目标，或员工采取损害公司利益的做法来完成目标的现象。

有效的绩效管理的关键是管理层的支持、员工的理解，以及明确的反馈。这三个要素表达的是：管理者将绩效管理看作提高公司整体效率的工具；员工积极参与和接受培训；企业提供基于行为的反馈、具体的例子，而不是空洞的评价（企业是教练，而不是法官）。

360度绩效反馈工具：全方位的行为考核

谈起绩效考核，企业大多是"又爱又恨"。绩效考核的好处暂不多说，其消极影响倒着实令企业头疼。常见的抱怨有这样一些：

"绩效考核？走走形式而已。"

"用绩效考核的结果来发工资让劳资关系变得非常紧张。"

……

这种抱怨非常常见。其根源在于企业没有找到一种适合考核的绩效考核理念和兑现这个理念的考核工具。例如曾经有一段时间，很多企业视"强制分布法"为法宝，这也是杰克·韦尔奇带给中国企业最有影响力的管理工具了。强制分布法也被称为"强制正态分布法"或"硬性分配法"，该方法是根据正态分布原理，即俗称的"中间大、两头小"的分布规律，预先确定评价等级及各等级在总数中所占的百分比，然后按照被考核者绩效的优劣程度将其列入其中的某一等级。

杰克·韦尔奇的这套绩效考核办法在GE获得了极大的成功，但其花费了整整10年才建立起适应GE的绩效文化。然而，很多中国企业却只借用概念，无法建立与之相应的企业文化，导致概念运用起来也效果不佳。

绩效考核的直接结果是识别出绩效优秀、一般和较差的人员，但这并不是绩效考核的目的。绩效考核的目的是发现问题并有针对性地引导员工提升绩效，从而实现公司经营目标，即我们说的

"重输入"的理念。把强制分布、末位淘汰用于企业在招聘阶段的人才甄选，或许不失为一种好方法，因为企业一定要严进才能宽出，但将其作为绩效考核结果的一种应用，则有待商榷。就中国企业普遍的文化来讲，末位淘汰对于和谐的企业文化来说无疑是一种冲击，而由此导致的员工关系紧张、劳资关系紧张等负面效应将会极大地影响企业的整体绩效。

其实在国外，很少有公司使用这种方法，特别是优秀的企业。在"西学东渐"的潮流中，我们不禁要问：这适合我们企业吗？我们的企业应该如何有效地组织绩效管理过程，如何让绩效考核于公司有用，同时也赢得员工的好感和支持呢？

如果想尝试调整企业的考核理念和工具，可以试着学习和了解一下360度绩效反馈考核的理念和做法。目前，全球比较优秀的企业都在使用这一工具，国内优秀的企业如互联网科技大厂也都非常青睐这种考核工具。360度绩效反馈考核的本质是行为考核，也就是上面提到的考核"输入"，通过了解输入发现输出的结果，其方法是一位员工的绩效考核必须从本人、上司、同级、下级等全方位角度来完成。通过这种工具，一个人的考核结果要根据至少20个人同时提供的关于其一整年的行为反馈来决定。企业认为，如果由这么多人完成对一位员工的考核，那么，结果（输出）应该会比较客观。

360度绩效反馈最初起源于一种情景模拟方法，这种方法由美国心理学家茨霍思等人提出，意思是将被考核人置于一个模拟的人工工作环境之中，运用仿真的评价技术对其处理实际问题的能力、应变能力、规划能力、决策能力、组织指挥能力、协调能力等进行模拟的现场考核。

360度绩效反馈从20世纪80年代末90年代初开始在美国的企业中被广泛使用。它否定了传统绩效评估方法，认为仅仅由上级对下属进行评价会存在偏见和局限性。因此，360度绩效反馈强调不仅仅要由直接上级评价员工的表现，还包括员工的同事、下属以及其他相关人员的反馈和评价，以形成更全面、客观的绩效评估。这种方法旨在提供更全面、多角度的反馈，以促进个人和组织的发展。

每人到年底听一听与自己共事的"别人"而不仅仅是上级对自己的反馈，这种反馈实际上会更客观。360度绩效反馈的重要意义在于重过程和输入，而非结果。在这里，我们要谈到绩效考核的"原点"，也就是本意。我们前面讲过，绩效考核的目的是引导员工向好的绩效发展，提高公司营收，实现可持续发展。真正优秀的绩效管理是不会让员工到年底才意识到自己的工作绩效是优秀还是平庸的，好的企业对员工的绩效考核是实时的，员工在工作过程中会不断得到反馈，每个人都能及时感受到自己的绩效表现。但是我们看到，依然有很多企业的绩效考核是本末倒置的，重形式，轻内容。这些企业之所以考核失败，是因为它们把绩效考核当成了每年年底的"固定"活动，这样的直接后果就是让员工很紧张。用考核行为的方式决定员工的能力，对管理者而言是一个很大的挑战，很多企业不愿意实行行为考核，因为它们会认为，行为无法被量化，那么考核行为是不科学的。当企业面对一个问题员工的时候，行为考核对管理者来说就有些发怵，深感无法量化的行为不如结果来得直接。

举例说明一下，一个企业的客户中心可以设置每位员工每月需要为客户解决100个问题的目标。假设某员工只解决了50个问题，企业就可以据此量化结果解聘他或者降薪处理。但是，如果企业换一种考核思路，重视过程考核，会发现在这些已解决的问题中，这位员工的客户满意度得分是满分。说明他在解决这些问题时投入了较多的时间、精力，运用了专业化的知识，以保证问题能够得到彻底和有效的解决，而不是草率应付。

这样的考核显示出该员工在工作中表现出的专业知识、客户服务技巧和解决问题的能力，是一个典型的行为考核的场景。单纯从解决问题的数量上看，他可能无法达到设定的产出目标，但是他却达到了令客户满意的目标。所以将考核目标从具体数值形式的量化回答"多少"（how many）的问题，转变为评分形式的分值化问题——回答的质量有"多好"（how well），企业就可以比较好地从结果导向过渡到过程导向。这个案例可以比较好地反驳"行为不具备这种量化的效果"的说法。所以企业对基于行为的考核要尽量避免一开始就出现天然的抵触情绪，要试着逐步掌握这种优秀企业普遍采用的考核理念、方法和工具。

员工的业绩取决于员工的能力素质（内因）、企业文化和企业的管理理念（外因）。只要员工的能力素质提升了，配以良好的企业文化和管理理念，员工的业绩自然会随之提高。因此，从内因的角度，通过对员工能力素质的管理来实现绩效管理是关键。采用360度绩效反馈，可以帮助员工认识自身的优势和需要改进的方面，同时为管理者提供了有针对性的绩效反馈意见来有效地指导员工。这种评估方法，能通过全方位的员工管理来显著提升公司的业绩。

而把对财务指标的考核作为绩效考核的主要内容，并将考核结果和员工的薪酬联系起来，是一种短视的行为，这使得员工对考核不满。该方法因顾及薪酬等问题而显得不够客观，进而使考核形式化，甚至会使"轮流坐庄"等奇特的现象在企业中出现。

会议是最好的行为考核工具之一

以色列作家尤瓦尔·赫拉利在《人类简史》[①]中说，人和其他动物的唯一不同点是，人类获得知识后可以将之有效地传达到他所在的群体中，让整个群体都获得这种知识。这样就产生群体的力量，而这种群体要比没有这种传播知识能力的群体发达很多。

在我看来，会议是能够让群体共同学习，并掌握某些技能的最好方式，同时也是行为考核的工具之一。开会本身是观察行为的一个有效工具，如果一个问题需要通过5次会议才能得到解决，那么，管理者基本可以对参会人员的能力有一个基本的判断。假定某位员工从头到尾一言不发，这只能说明他没有能力处理问题，抑或是对公司缺乏热情。

---

① 《人类简史》中文版于2014年11月由中信出版社出版。——编者注

> 企业通过会议来观察员工的行为，会促使员工在会议中积极表现自己、争取发言、寻求解决方法，这在无形中会激发员工的能动性，进而促进群体学习的发生。
>
> 我们看美国高校，课堂上同学们基本上都会举手发言。他们认为，如果不积极发言的话，年底的成绩会受到极大的影响。美国MBA课程发明了案例分析教学法。这种教学理念认为，知识存在于每个人大脑里，而不是仅仅存在于教授的脑子里，如何让每个人把自己的知识分享出来，是需要一个媒体或者媒介和工具的，那么案例分析就是一个好的工具。我们读同样的文章，共同来讨论，给出自己的答案和解释，这个过程就能体现出我们每个人的思考能力。MBA课程通过案例分析发掘出每一个人的思考能力。
>
> 在这个思考能力的发掘过程中，知识同时也被分享了，知识不断被分享的结果是一群人的能力超越了个体能力的总和。同理，行为考核法让每个人变得更强大，同时也会暴露出不适应企业发展的个体，从而达到过程考核的目的。

目前，国内有不少企业也在尝试使用360度绩效反馈。但据我了解，多数企业并不认可这一考核工具，其主要原因是它们没有吃透360度绩效反馈的理念，使其过于工具化了。在这里，我们要强调的是，360度绩效反馈考核的是行为，因此对每个人的行为考核都要用大量的文字描述，以力求客观和准确，而这要花费评估者大量的时间，于是许多企业就对360度绩效反馈的每一个行为指标给出1～5分的分值，这种改变方便了评估者，也比较符合东方文化。在企业中经过适当的培训和优化后，不失为一种落地360度绩效反馈的方法。

下面，我们来了解一下360度绩效反馈的逻辑和流程。这是一个非常庞大的工程。

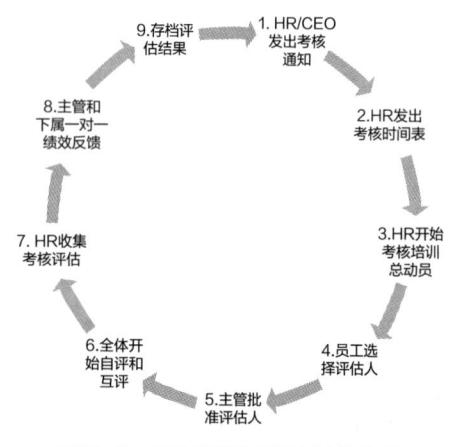

360度绩效反馈流程

360度绩效反馈考核方式能够比较公正、全方位地对个人进行评价。在执行中，它通常要求企业投入一定的人力和物力来高质量地完成这个流程，在互联网和移动互联网欠发达的年代，整个流程都是有纸化操作，一般需要3个月的时间才能完成年度的考核流程，随着互联网和移动互联网的广泛运用，这个流程已经可以缩短到1个月之内了，具体流程如图6-2所示。

1. HR/CEO发出考核通知
2. HR发出考核时间表
3. HR开始考核培训总动员
4. 员工选择评估人
5. 主管批准评估人
6. 全体开始自评和互评
7. HR收集考核评估
8. 主管和下属一对一绩效反馈
9. 存档评估结果

图6-2　360度绩效反馈考核的流程

考核培训是决定绩效考核管理成功与否的一个关键环节。不论是什么级别的员工，都必须参加考核培训，以确保了解考核的流程及如何进行考核。

在360度绩效反馈，同时并存有三种角色：被考核人（本人）、考核人（上级、同事和下级，如表6-2所示），以及考核督导（部门负责人）。

表6-2　360度绩效反馈要点

考核种类	定义	人数
上级考核人	你为之工作的人（一般为你的直接上级）	最多2人
同事考核人	你与之密切共事的人。该类考核人包括与你同级的人及级别与你不同的人	最少6人 最多12人
下级考核人	一般是指那些为你而工作，并能够为你的表现提供有意义的评估的人。包括那些直接向你汇报工作的人	最少3人

被考核人在考核流程中要完成的事项有：

- 完成考核人提名表，提名谁做你的考核人（同事、下属等）。
- 与考核督导进行讨论评估人并获得批准。
- 完成自我考核表。
- 完成对他人的评估。

考核人应当根据考核标准，为被考核人提供坦率的、有建设性的反馈。考核人可以是被考核人的下级，这时考核人的名字不会出现在任何表格上。考核人也可以是被考核人的同事，这时，他的名字会出现在考核表格上（仅给考核督导做参考）。不过，不经过考核人的同意，考核督导不会引用其所提供的考核内容。

考核督导应当审核被考核人提交的考核申请表，并给出各方面的综合性反馈，给被考核人书写考核及发展总结，与被考核人进行面对面的谈话。

17 种核心能力：非量化的考核指标

在有关招聘的章节中我们提到，企业在面试时采用能力素质的评估方法，这些能力素质也是企业绩效考核的内容。总的来说，在招聘环节中，企业比较强调这四方面的能力：领导力、岗位知识、专业技能、商业洞察力。其中，领导力指激励、协调、决策、影响力和战略思考等能力；岗位知识指对所任职的岗位的熟悉程度；专业技能指分析能力、团队合作能力、时间管理能力、沟通能力等；商业洞察力指对商业机会的把握能力、销售能力和客户意识。这些能力素质的考核标准一般用文字来描述，比如对于沟通能力，通常会从口头表达、书面表达、善于倾听、及时反馈等方面进行典型行为描述及举例。

在 360 度绩效反馈中，考核的能力稍有变化，但其核心与招聘的考量因素类似。总体来看，360 度绩效反馈有三个维度：专业维度、商业维度、管理维度。

专业维度是指，我们从事任何一种职业都要掌握的关于这个职业的专业能力，比如，医生的专业能力是医术，人力资源专员的专业能力在于制订各种激励方案、考核方案、福利方案。

一般来说，专业维度包括以下9项内容。

（1）产品知识（product knowledge）

能够认识及解释公司和本部门的各种产品的特色及好处，明白客户的需要及其机构的运作，理解并能对抗市场上的竞争产品及其策略，了解市场，并能与产品的变化及创新保持同步。

（2）分析能力（analytical skill）

善于对各种信息进行处理、提炼、判断和总结，并将有用的信息应用到工作中的能力。

（3）口头表达能力（oral communication）

清晰、准确、流畅及有逻辑地表达一个想法，有条理地陈述问题，并使听众准确理解所传达的信息的能力。

（4）书面表达能力（written communication）

准确及适时地完成报告，保证必要的交流，使用清晰的表达方式，提供准确及一致的信息的能力。

（5）积极主动（initiative/commitment）

迅速地解决问题，承担及完成新任务，把握机会，采取相应行动，构思创新的步骤及解决方法，寻求新挑战并增加责任感，寻求自我改进及学习的机会，主动、独立地采取行动的能力。

（6）判断/决策能力（judgment/decision making）

适时做出明智的抉择，利用系统方法做出决定，在压力下做出可靠、一致的决定，在需要时做出不受欢迎的选择并考虑决定的后果的能力。

（7）想象力 / 创造力（imagination/creativity）

在常规思维框架之外探求新的可能性，创新地解决问题并形成独特的想法和解决方案的能力。

（8）专业水准（professionalism）

专业水准实际上是专业技能的外化表现。看到一位军人，不用他自我介绍，我们就能知道他是军人，这是由他专业技能的外化表现，如仪表、走路姿态、身手敏捷程度等传递给我们的。

任何一个行业的从业人员，他的职业素养都表现在这样几个方面：第一，不透露任何薪酬信息；第二，不透露公司的任何项目信息；第三，未经公司允许，不接受媒体人士的采访。举例而言，我们在面试一个人的时候会问"请谈谈你做项目的经历"，如果对方回答"我们正在和中国移动做一个债券融资项目"，此时，我们可以判断这个人是不具备基本职业素养的，因为他透露了公司的项目信息。正确的回答应该是："在××项目中，我承担的角色是××。由于我们签有保密协议，关于项目信息，我不能透露更多……"

（9）团队合作能力（team player skill）

有效同队员合作，解决队员间的意见分歧，在与其他部门合作时，与它们建立并保持融洽的工作关系，懂得变通，善于接受新事物，集中队员的努力采取最有效策略的能力。

360度绩效反馈的第二项内容是商业维度。什么是商业维度？第一，客户关系，员工是不是善于处理客户关系会影响到客户的二次复购选择；第二，员工是否具有销售或者交叉销售的能力;第三,员工的商业直觉如何,这看起来是主观维度的考量,但实际上是先天优势加上大量后天训练而形成的。

因此商业维度包含以下四种能力。

- 维护客户关系的能力(client relationship)。
- 客户影响力(building/influence on client)。
- 销售/交叉销售能力(selling/crossing-selling)。
- 商业贡献(contribution)。

商业维度之所以重要,是因为其在实践中会产生巨大的作用,任何岗位的员工都必须具备商业能力。优秀员工与普通员工的区别在于,当一项政策出台时,优秀员工会深入研究政策,找出其中的商业机会,并用自己的商业嗅觉来制订行动方案,灵活运用资源,高效完成工作。比如,他们会思考如何利用新政策来开拓市场、优化产品或服务,从而为公司创造更多价值。而普通员工则只会按照指示机械地执行任务,不主动思考政策的潜在影响或如何使效益最大化。他们往往只关心如何完成上级交代的具体任务,不会主动寻找和利用商业机会。

管理维度包括以下四种能力:

- 领导力和人员管理能力(leadership & management of personnel)。
- 绩效管理能力(performance management)。
- 公司资源管理的能力(management firm's resource)。
- 时间管理的能力(time management)。

管理维度之所以重要是因为它要确保公司所有人都将公司所投入的各种资源和生产要素高效地开发、利用和管理好，比如人力资源、财务资源、信息资源、时间资源等。

前文讲过，宝洁公司在进行校园招聘时，重要的评估因素之一是应聘人员是否具备领导力。宝洁注重对员工领导力的培养，甚至要求其员工在后续各个岗位中都具备领导力，从而成为各个领域的管理人才。绩效管理、公司资源管理及时间管理能力考量的是一个人是否能够最大限度地发挥工作效能，是否能够最大限度地调动公司资源为我所用，是否能够进行良好的时间管理的能力。在实践中，不同的人在这些行为方面会表现出巨大的差异。

谈到领导力，不能不提"赋能"这个词。这个词在20世纪90年代初通过外企培训进入中国，但直到最近两年才成为一个经常被引用的词。"赋能"源于英文的"empowerment"。"Empowerment"是一个属于领导力范畴的词，在领导力课程中，它都不会缺席。它的原意是赋予某人做某事的能力和权利，因此将其翻译成"赋权"应该更为准确。然而，在亚洲的多数企业中，"赋能"比"赋权"显得更加柔性，这也许是"赋能"更加走红的原因吧。企业的终极使命是成为本行业的领导者，因此只有找到具备领导力的员工，企业才能使其使命必达。而"赋权"每一位员工，是使命必达的重要环节。

总之，我们把这三个维度具体化为17个核心能力，每个核心能力又通过若干个KBI具体化，就构成了360度绩效反馈的主要内容。绩效反馈的结果通常有四种：共同的积极反馈，即员工的自我评价与他人的评价都是积极的；单方面的消极反馈，即员工自我评价较好但他人的评价较差；共同的消极反馈，即员工的自我评价与他人的评价都比较差；单方面的积极反馈，即员工的自我评价较差但他人的评价较好。

在考核过程中，反馈的方式和方法至关重要。反馈要遵循从抽象到具体的逻辑，如果你想反馈某人缺乏必要的领导力，与其说：

他不是一个好领导。

不如带有行为描述的方式说：

他的团队没有工作方向和重点，对本部门的工作贡献不大。他不善于集思广益、不够果断。由于分工不均，团队成员士气和生产力低下。他应该勇于挑战那些绩效平庸者。另外，他常常忽视公司的政策而导致混乱，他在日常的工作中也不应该逃避棘手的问题。

同样，如果你想反馈某人的领导力非常到位，与其说：

他是我们团队的好领导。

不如说：

我们的团队在他的领导下发挥了很高的效能。他公正、透明，能倾听每一位员工的声音，给我们每个人提供事业发展的机会。他给我们树立高标准，明确每个人的目标和期待。他能使整个团队有明确的目标、方向和重点。他倡导相互尊重和信任，尤其是在遇到困难的时候。他带头支持和执行公司的政策。

持续反馈是动态管理绩效的有效手段之一。1974年，斯图尔特·布兰德（Stewart Brand）[①]向他的老师——现代控制论奠基人之一——格雷戈里·贝特森（Gregory Bateson）提出了"如果变色龙照镜子会变成什么颜色"的谜题。我们知道，变色龙的特征是能调节和改变自身颜色，使其与周围环境的色彩保持一致。这个谜题的有趣之处在于，变色龙能够根据环境调整自己的颜色，镜子能够反射出镜子里物品的真实颜色。所以，如果变色龙在镜子中，那么这两者就构成了一个"反馈"系统。变色龙看到自己在镜子中的颜色会做出相应的调整，而镜子又会反射出调整后的变色龙的颜色。

把这个比喻运用到企业管理，就是公司向员工提供反馈，员工根据反馈做出相应的调整，然后公司再根据调整的结果给出新的反馈，这样循环往复，形成了一个动态的、能够持续改进的绩效管理系统。这就是绩效反馈这种管理方法的理论依据和效果，强调的是反馈在动态绩效管理中的重要作用。

以下的两个例子进一步说明，反馈越具体，对被评估者越有利，这是关于沟通能力的行为反馈案例。

● 对被评估者不是很有帮助的考核反馈。

李莉是一位善于与她的听众交流的管理者。

---

① 斯图尔特·布兰德，著名的作家和编辑，以创建《地球全书》（Whole Earth Catalog）而闻名。

- 对被评估者有帮助的考核反馈。

沟通顺畅是李莉的优势之一，她善于使小组成员达成共识，能够很快了解组员的不同想法，并且通过自己的洞察力清晰地了解组员的表现，还能够有效地影响他人的行为。作为一位表达清晰并具有说服力的交流者，她可以与不同类型的人协调关系。在某个项目会上，她成功地说服董事会同意财务总监利用税收优惠来获得更大收益的提案。

上面两种说法都是对"李莉是一位善于沟通的管理者"的反馈，但是后者的行为描述使得"李莉是一位善于与她的听众交流的管理者"的反馈变得更加有说服力。

360度绩效考核最基本的考核理念不是基于上级考核下属的理念来展开的，它更多的是通过同事和下属（如有）对被考核者的行为进行评估，来确定被考核者的能力和潜能对所从事工作的胜任度。在这个过程中，上级更多的是听取其他考核者对被考核者的反馈，并结合自己的观察，对被考核者做出绩效结果的判断。在这种考核理念的指导下，人人都是考核者和被考核者，每个人的反馈都具有同样的考核权重，因此很快就会形成一种"我为人人，人人为我"的工作局面。没有人甘心被别人看低，因此人们经常会多付出一些努力，尽力完成同事提出的请求。能够全面用好360度绩效反馈工具的企业都是加班狂人，因为员工加班的唯一真正的原因都是在做两件事：（1）满足外部客户的需求；（2）满足内部客户（同事或上级）的需求。

第七章

培训——让员工越来越优秀

又一个培训经理离职了。

我们聊起原因时,他满是沮丧和失落。他曾坚信自己会成为一名成功的培训经理,然而现实却让他困惑。他向我们谈起自己引以为傲的培训理念和培训计划——细致到几近完美,但令人沮丧的是,结果很糟糕,似乎只有他一人在那里唱着独角戏,观众寥寥。他强烈的事业心、成就欲望等优秀的特质,统统在这里碰了壁。

究竟是哪里错了?

培训不是万能的

有这样一个例子:

有段时间,某大型企业的业务部门内部工作气氛很不好,部门向心力缺失,员工缺乏团队协作精神,业务经理为此十分苦恼,就向公司人力资源部经理反映。在这之后,公司的人力资源经理就决定请专业的培训公司给该部门员工进行一次专业培训,以加强团队建设。

培训结束后,这位人力资源经理再与部门经理沟通联系时,惊讶地发现员工培训的效果并没有达到之前的预期，业务部门的工作气氛并没有得到改善。经理不明白：究竟是哪里出了问题？

在当今这个时代，像这样心存疑惑的人力资源经理有不少。21世纪是信息时代，也是知识经济的时代，在这个时代竞争的关键就是人才，人才已逐步成为企业对抗市场竞争的重要战略性资源。在日益激烈的竞争环境下，拥有优秀合适的人才已成为众多企业不断追求的目标，而为了获取优秀人才，企业就必须时刻让自己与时俱进。

其中就包括对员工的培训。为了使自己的员工越来越优秀，许多企业都意识到员工培训的重要性，每年都会在员工培训这个项目上投入大量资金。有付出就会期望回报，因此培训效果就成了这些企业最为关心的问题。但在培训后，企业往往会发现培训结果不尽如人意，花了大力气请来声名显赫的培训师和专业培训机构给员工上课，耗费了大量人力、财力，却总是"竹篮打水一场空"，达不到预期的效果。

培训没有达到预期效果可能存在多种原因。就算企业有非常完善的培训制度，仅靠好的培训师和培训机构也不能保证培训效果能达到预期。许多实施培训的企业在培训观念和操作过程上，有可能会走入多个误区，我们不能将对员工能力提升的所有期许都寄托在培训上，培训并不是万能的。成功培训的前提是员工具有可培训性（trainability）。为什么这么说呢？

有这样一个关于"鸭子"和"松鼠"的故事，就很恰当地阐述了可培训性的重要性。

某国的国家情报机关有一套非常严谨、系统的培训计划。因为这套计划做得真的很好,这个负责人就常常向其他人夸耀道:"有了这套培训计划,我们能训练一只鸭子爬树。"有一位反对人士反驳道:"你们为什么不直接找一只松鼠来爬树?"

这个故事道出了众多管理者的心声,希望找到最具备可培训性的人来培训,从而降低培训的成本。仅就培训成本而言,训练一只毫无爬树潜质的"鸭子"所付出的培训成本是非常高的,而找一只天生具备爬树潜质的"松鼠"所付出的培训成本就可以忽略不计了。

所以,培训的前提是被培训者具有可培训性。那么,何为可培训性呢?

可培训性主要体现在两方面。一是接受培训的人具有学习能力,能够将培训得到的技能有效地应用到工作中。尽管"训练一只鸭子爬树不如直接找一只松鼠",而在现实中,"培训鸭子爬树"这样的事情却似乎屡见不鲜。

造成"鸭子爬树"的局面,一方面是由于许多任职者在选择职业时懵懂无知。他们在开始选择职业之前,没有一个明确的职业规划,只是一味地接受命运的安排,没有考虑自身的优劣势去选择适合自己的职业,因此入错行的现象比比皆是。而他们之后就会成为培训者需要培训的"要爬树的鸭子",培训者会为他们付出较高的培训成本,但其实这并不是企业想要的,企业想要的就是在合适的位置上的那个合适的人。

另一方面,正因为了解自身的优劣势、懂得取长补短的任职者只是少数,所以不是所有企业都能找到匹配的人才,因此能力匹配的人才变得稀缺抢手,各企业之间的人才竞争也就变得更加激烈残酷。有竞争就会有输赢,一旦在人才竞争上失败,不少企业就只能退而求其次地去培训"鸭子上树",虽然没有"松鼠"那样与生俱来的爬树潜质,但没有谁能百分之百地保证"鸭子"一定没有"上树"的潜质。

基于这些原因,"培训鸭子上树"的企业比比皆是。

二是提高可培训性的最有效的方法就是从招聘源头做起,提高招聘门槛和精准度。有些大学可能喜欢"宽进严出"的招生方法,但是企业最好还是采取"严进宽出"的招聘方法。目前,招聘做得比较好的公司如顶级咨询公司和投行,其招聘流程与一般企业有着极大的区别,因为这些行业本身就集结了优秀人才,它们对"松鼠"的追求也比一般企业更加执着坚定。它们的标准就是"松鼠",而不是可以通过培养变得像"松鼠"的"鸭子"。因为,只有培训"可培训的"人,培训才会产生更高的价值。

可培训性还体现在培训的内容是可被传授并能产生积极效果的,比如企业文化、公司产品、工作技能等。但在许多公司,当员工不能胜任工作时,培训似乎总是成为万能的灵丹妙药,得到上至领导、下至员工的推崇,培训经理更是感到"天将降大任于我"。然而,如果在投行,如此热心的培训经理可能就要郁郁寡欢了,因为他遇到的每一个人基本都已经是天生会爬树的"松鼠",而不是需要培训的"鸭子"。这也是投行和咨询公司不好做培训的原因之一,因为每一位员工的自学能力和无师自通的能力都比较强。

培训并不是万能钥匙,想打开哪扇门就打开哪扇门。有些员工的能力素质诸如"创造力"等很难通过培训得以改善,所以如果企业需要创造力强的人,就只能招聘创造力强的人。正如盖洛普公司通过大量调查和研究得出的结论:"不要培训人,要雇用合适的人。"投行、科技公司和顶尖咨询公司也许就是坚持践行该理念的企业。目前,越来越多的企业也在朝这方面调整,因为这似乎是必然的趋势。

直观感受:最不像培训的培训

培训是有组织的技能传递、知识传递、信念传递、信息传递、标准传递和管理培训行为。培训有不同的类型,常见的培训有入职培训、产品培训、技能培训和高级经理人发展课程培训。

在上面提到的这几种类型的培训里,只有"入职培训"的英文中没有用我们所熟悉的"training"这个词,而是用了"orientation",它的真正含义是"观念导入"。对入职培训来说,它的真正目的是让新员工有一段相对集中的时间去了解和感受公司的使命、愿景、企业文化和价值观等相对抽象的东西,从而开始一个全新的事业。这种培训类似一种"洗脑"。所有优秀的企业都非常重视这个环节,一般采用脱产或半脱产的方式来进行。

就投行而言,除入职培训和领导力培训采用脱产形式外,其他培训都采用在岗的形式,让员工通过实际操作去学习该项工作所需的技能。事实上，从在职培训的过程来看，更多的是员工主动通过工作实践来巩固或检验理论，抑或从实践中总结经验，甚至将其升华为理论。这个过程实际上是"学习"的过程，而不仅仅是被动接受培训，我们可以称其为"在岗学习"（on-the-job learning）。所以在投行，从分析师成长为最高阶董事总经理，"在岗学习"都是最主要也是最重要的培训方式。

那产品培训呢？我在三个行业工作过：酒店、快消品和投行。虽然这三个行业都属于服务业，但由于各行业的业务特点及人才特点不同，三者的培训理念和培训模式还是有很大差异的。这三个行业都倾向于花很多时间进行产品培训，让员工了解并熟悉公司的产品。其中，酒店和快消品行业一般采用脱产培训，集中讲授很多有关产品的知识，而投行主要实行在岗培训和以老带新的导师制。由于投行产品的复杂性和特殊性，其产品是无形和虚拟的，这就使得课堂式产品培训比较困难，而如果员工能"在岗学习"，则会有效得多。

产品培训一般又分两种，一种是公司对现有产品的培训，另一种是公司对预开发产品的培训。而对于预开发产品培训，公司经常采用的是纯产品培训，那何为纯产品培训呢？就是培训内容主要围绕产品本身进行，包括针对产品的概念、功能、架构、设计、开发、生产、营销等各个方面。如果企业内部对于预开发产品的培训不熟悉或者完全不懂，就需要与外界进行联系，请"外援"到企业内部进行产品培训，从而去开发这个产品，这种方式就是纯产品培训。

除了请外部人员来企业内部进行纯产品培训以外，对于现有产品的培训，很多企业在内部也做得很好。以宝洁公司为例，它就是一家以培训为导向的企业，培训机制在宝洁人才培养体系中占据了非常重要的地位，也是宝洁口碑最好的制度之一。

宝洁内部有着各种培训，且无时不在。比如，要想让员工知道什么是质量，它的培训就很简单，不是让员工坐下来开会去探讨什么是质量，这种抽象概念不是宝洁追求的，因为它不接地气，宝洁采用的是让员工有直观感受的培训，员工可以通过实实在在存在的问题去反思不足。以宝洁的样品质量培训为例，样品是非常重要的，推销员需要用它去推销产品或做采样。好的样品试用体验会给公司带来潜在用户——如果用户试用满意，就存在下次购买产品的可能——所以提升用户样品体验也属于宝洁公司推广商品的方式之一。

有一次，宝洁的CEO把一堆样品放在员工面前，拿起其中的一个用剪刀剪开，将其挤到测量容器里，并问员工："这是多少毫升？"有员工说："15毫升。"之后，他又拿着样品的包装小袋，问大家："小袋上标注的是多少毫升？"员工们一看，20毫升，很明显，少了5毫升。之后，CEO又剪了很多小样包装袋去测试，结果样品都没有达到20毫升，而这一批样品有1万袋。他问大家：怎么办？多数员工提议把不合格的样品作为员工福利派发掉。但这位CEO却让每个人都拿上剪刀，一起把那1万袋小样都剪了，扔进垃圾箱。这件事震惊了当时在培训现场的每位员工。

后来，很多人跟这位CEO说："这样做多浪费啊！"他回复说：“浪费？不，这不是浪费。如果我把这些残次样品作为福利发放给员工，员工确保只在自己家里使用，那是没有问题的。但是，谁也不能保证员工不会分发给亲朋好友。别人使用了残次样品会对企业产生不良的印象。所以，就只能把它们都剪掉。质量是我们产品的生命。写的是20毫升，挤出来就必须是20毫升，如果没有，那就叫瑕疵。"这就是宝洁的产品培训，讲究直观、切中要害，重视质量理念的直观输入，让员工现场感受到企业对产品质量的高标准、严要求，让每一位员工都成为公司产品质量的守护者。

海尔张瑞敏用铁锤砸烂电冰箱是中国商业史上一个非常著名的故事，是企业对产品质量和用户满意度高度重视的经典案例。这一事件发生在1985年，当时张瑞敏刚刚接手海尔这个濒临破产的小型家电厂。他在一次巡检中发现了一批有质量问题的电冰箱，有些冰箱甚至已经被用户投诉。为了树立全体员工的质量意识，张瑞敏当众用铁锤砸毁了其中的76台问题电冰箱。这一举动传递了一个强烈的信息：产品质量是企业的生命线，任何不合格的产品都不能出厂。通过这种极具冲击力的方式，张瑞敏成功地激发了员工的质量意识，并开始在海尔内部推行严格的质量管理制度。

这个案例在海尔的发展历程中起到了重要的转折作用，由此引发的一系列改革，使得海尔从一个濒临倒闭的工厂逐步成长为全球知名的家电品牌。它不仅仅是一个简单的企业故事，也成为许多企业学习和借鉴的经典管理案例。

而技能培训就是培训员工的各项技能。比如在管理者培训中，不光要教授如何激励,还要教如何授权,既不过度授权,也不授权不足,要做到授权平衡。甚至如何高效开会也是培训内容之一。这样的技能培训有很多。

进行技能培训时还要注意一点,就是软技能的培训。这在投行以外的企业做得非常多,企业一般会有专门的预算来支持这方面的培训。何为软技能呢?它其实就是"情商"(EQ)的社会学术语,由一系列能反映个人特质的要素共同组成。这些要素包含了个人的行为、与人沟通的能力、人格特质、语言能力、社交能力等。企业之所以这么重视软技能培训,就是因为如果将它与那些能够反映一个人智商高低的"硬技能"互补、结合,就能够让工作更加和谐。

对于专门针对管理层的EDP,投行的培训模式也很有特点。投行一般会请非常有名的教授或者管理者来担任课程的讲师,但又不完全依赖于讲师,还有一个非常好的流程来保证课程的有效性。讲师首先与最高管理层讨论并设计课程,然后先给这些最高管理层进行培训,如果这些高层参与者认为这个课程是符合公司文化,有利于公司发展的,课程就会被推广至第二层级管理层。在获得了第二层级管理层的认可之后,课程又会继续逐级向下推广。这样的EDP都是脱产形式的,通常集中在一天进行,而这些课程主要集中在领导力培训方面,诸如绩效管理及如何激励等。

而且在投行,参与者要达到一定级别后才会接受领导力培训。市场上的领导力培训课程非常多,多数在非投行行业,例如酒店、快消品行业,参加者也非常踊跃。因为这些企业的招聘以经验招聘为主（而不是以校园招聘为主），不刻意强调员工的"硬"素质，所以招聘的员工的自我学习能力不尽相同，员工的背景也参差不齐。这就使得企业在管理上很难统一，因此需要非常负责或拥有高深管理技能的人来培训这些人如何管理员工。

但相比技能培训，EDP会更加注重培养员工的领导力。在投行工作的人，大多已不再为技能犯愁，那怎么去培训其领导力呢？哈佛商学院的MBA案例教学中有一个关于摩根士丹利的一位执行董事的提升的案例，该案例探讨了领导力与业绩孰重孰轻的问题。

有一位能干的员工加入了摩根士丹利，被给予了执行董事的职位，这个级别仅次于董事总经理。在短短两年时间里，他就把摩根士丹利资本市场部的排名从第10位提升到了第3位，这是一个不小的业绩。然而，每年的360度绩效反馈对他的领导力、沟通能力、团队合作能力和下属培养能力评价都非常负面，唯一一致的正面反馈就是他对客户的服务能力。这一结果让公司管理层非常为难。

为什么这个人的业绩这么好，他的领导却如此为难呢？因为在360度绩效反馈里，同事和下属对他的评价不是很理想，好坏参半。从理论上来说，把公司资本市场部的排名从第10位提升到第3位，应该让所有人都对他竖起大拇指，但是事与愿违，这是为什么？

理由很简单，这个人在日常工作中所表现出的领导力行为与公司所倡导的价值观之间有一定的差距。业绩固然重要，但是他获得这个业绩靠的不是团队的力量而是个人的魅力。公司的担忧是，如果每个人都这样工作，就会出现资源分配不公、弱肉强食的现象，久而久之会导致个人"绑架"公司的结果。

据说在这个真实的案例中，该员工最终没有获得晋升董事总经理的机会，但是公司给予了他丰厚的奖金回报。我认为，这样的处理是合理和人性化的，符合企业的管理原则。他没有获得晋升，说明公司对每天强调的价值观并不是停留在口头上的老生常谈，而是真正地坚守了自己所倡导的价值观。但是企业会从财务的维度给予这位员工高额的奖金，这是对他的业绩的高度认可。请注意，在这个案例中，晋升和奖金这两种激励工具被严格地区分使用了。这是因为：晋升是要向全员公开发布的一种奖励，反映的是企业倡导什么样的行为和什么样的榜样，所以管理界常说"晋升就是沟通"；而奖金是保密的，只让收到的人知晓，是个人隐私，企业没有义务公开发布，他人也没有权利来探究，所以管理界也有句话叫"薪酬是个人的隐私"。到目前为止，还没哪个管理有序的企业会不要求员工对自己的薪酬保守秘密，因为这似乎是能够缓解薪酬激励很难做到完全公正的唯一方法了。如果你把他人的薪酬告诉了某人，就会产生一个不开心的人，这是职场上的告诫。

本书讲述这个哈佛案例的真正目的，是要通过一个真实公司的真实案例来阐述领导力的重要性。这个案例后来也被摩根士丹利的人力资源部采纳，作为公司副总裁以上人员的领导力培训案例。我认为，通过这样的案例分析来理解领导力和领导行为的重要性，是非常有效的。

培训是企业的社会责任

如果每家公司都把培训当成一种不可回收的成本,那么就没有人愿意来培训员工,这样企业的人力资源的素质就会越来越低。所以,培训不仅是企业对员工的责任,也是一种社会责任。

那何为企业的社会责任呢?"企业社会责任"(corporate social responsibility,CSR)的概念源于20世纪50年代的美国。最初引入这个概念是为了帮助企业更好地了解和管理与公众的关系。50年代的美国,企业的快速扩张引发公众对它们影响社会的能力的关注,特别是它们的经济影响力。这一时期正是企业扩张最快,公众期望企业承担更多的社会责任的时期。

CSR概念在20世纪70年代得到了深化。"社会责任"的解释被拓宽为企业在遵守所有法规和道德标准的同时,还要考虑它们的决策对社区和环境会产生什么影响。

现在,CSR在全球范围内的理解已经进化为企业有义务在追求经济利益的同时,也要努力达到环境和社会的可持续发展目标。这包括社会公正、环保、劳工权益、人权、公平贸易等诸多领域。

CSR与近几年的高频词ESG(环境、社会和治理)有什么区别?两者都与企业的社会责任密切相关,但是它们之间的区别也是非常明显的。

CSR侧重于企业参与的社会公益活动,更注重企业对社区和环境的影响,以及企业如何在追求利润的过程中,尽快满足诸如环保、社会公正、员工权益等社会责任。

而ESG则主要用于评估一个企业在环保、社会关系和公司治理等方面的行为是否恰当。E（环境）考察企业是否注重环保和可持续发展；S（社会）关注企业是否尊重员工权益，是否投入社区建设；而G（治理）关注企业的治理结构，是否有对抗腐败的策略；等等。

CSR主要是企业自我约束和自我监控，而ESG则更多的是从投资者的角度，对企业各项活动的评估和审查。可以说，ESG是从投资角度对CSR的一种扩展或深化。

让我们回到CSR的讨论。所以，企业要建立一种有责任意识的大人才观，这样，全社会人力资源的素质才会越来越高。企业的人从本质上讲是市场的人。比如，一个员工离开了一家企业，其他新人会加入进来，如果大家在各自的企业都接受了很好的培训，就都是有能力的合格人才，这对所有企业和企业所在的行业来讲并没有什么损失，只是人才在寻找更合适的公司环境而已，所以企业的人才培训其实是一种社会责任。

近年来，许多企业出现了诚信危机，而企业责任也再次被大众关注。随着知识经济的到来，国内企业在与国外先进企业管理的对比中，更加深入和广泛地认识到人力资本在打造企业核心竞争力时的重要地位。于是，许多企业纷纷转型，强调自己的社会责任，利润已不再是企业追逐的唯一目标。更多企业在生产过程中开始强调对个人价值的关注，强调对消费者、社会和环境的贡献。

自20世纪90年代末以来，国内有许多企业加入了企业培训的大潮。但近几年,一些企业,特别是投入资金却没能得到很好回报的企业,都选择回避员工培训或减少培训投入。员工培训已逐渐变成应付环境的形式,企业并没有真正地去提升员工的工作能力。但其实,员工培训是企业的一项责任,虽然它仅仅是人力资源管理的一部分,但从其对企业社会责任的履行情况的折射中可以发现,员工培训对企业自身的可持续发展还是有着很重要的意义的。

为什么说员工培训是企业的责任?企业培训员工的目的之一是要让员工为企业服务,使企业可以更好地发展。但是,为企业服务的员工培训很容易出现问题,员工的培训意识也会带来许多问题,所以一个好的培训制度的实行,不仅要依靠企业领导人,还需要得到员工的重视和支持。但是,现今有部分企业的员工却没有意识到培训可以提升自身的能力,还将其看作任务或累赘,这就导致很多培训结果不理想。

如果培训失败,员工对培训的抵触情绪就会越来越大,管理人员的激情也会慢慢消失殆尽,进而导致企业管理人员对培训越来越不重视,培训效果也越来越差,企业培训就会进入一个恶性循环。这种情况会阻碍企业培训制度的建立和完善,使培训不能达到预期的效果。而一旦培训本身出现问题,企业就需要主动解决这些问题,这是企业自身的责任。解决企业培训问题的常见方法如下。

● 培训需求分析:企业可以通过调查问卷、员工访谈和绩效评估等方式,深入了解员工的实际需求,确保培训内容与员工的工作实际紧密相关。

● 多样化培训方式：企业可以引入多种培训方式，如线上课程、现场培训、互动工作坊等，以满足不同员工的学习需求。

● 培训效果评估：企业应在培训结束后进行效果评估，通过测试、问卷调查和实际工作表现等方式评估培训效果，并根据反馈不断改进培训内容和方法。

● 激励机制：企业可以建立培训激励机制，如将培训成绩与晋升、加薪挂钩，激励员工积极参与培训。

● 管理层支持：管理层应以身作则，积极参与并支持培训工作，营造良好的培训氛围。

通过这些措施，企业可以有效解决培训中的问题，打破恶性循环，建立和完善企业培训制度，从而提高培训的效果，让其服务于企业的发展目标。

而另外，培训本身就是一种企业发展行为。许多企业把培训当成福利，但在优秀的企业中，企业培训是公司的一种责任和必然行为。公司存在和发展的目的之一就是要培训员工，让员工变得越来越有竞争力，有可持续就业的能力，所以企业要把培训当成一种责任，而不是一种恩赐。

人力资本的价值是可以通过培训来提高的，当员工进入企业以后，企业就有义务让员工参加培训，让员工有朝一日离开公司后，具备找到适合自己的工作的能力。所以，企业要建立一种大人才观，明确自己的责任。就算培训完员工要离开，企业对培训的态度也不能有所改变。员工参加完培训却离开，从表面上看是公司的一种损失，但事实并非如此。经过培训，这位员工确实达到了一定层次,需要被提升到更高的职位上,但企业能提供的职位永远是有限的,所以他离职了。公司一直在发展,一位员工离职了,还可以再招别人进来,再进行培训,这是一种企业发展的行为,不能一味地将其看成成本投入。如果每家企业都持有这样的培训观,那么由这些企业组成的行业就会聚集更多训练有素的人才,这对一个行业的持久发展有百利而无一害。

企业责任可以细分出很多种,除了客户至上、股东回报、持续增长、创造利润外,在我看来,实现员工的可持续就业能力(employability)最大化也是企业的使命之一。

可持续就业能力最大化和就业(employment)最大化有本质的区别,前者强调的是能力的持续提高,后者似乎是"铁饭碗"的变形说法。保就业不是企业的目的,但是保持可持续就业的能力是企业义不容辞的责任。

要达到可持续就业能力最大化,就要求企业一直保持对社会的责任心,对员工进行持续有效的培训。从员工被招进来开始,企业就要对他进行培训投入,给他提供培训机会,使他的价值增长永远高于价格(薪酬)增长。而当其价值超过价格的时候,公司就要给他相应的对价,即有竞争力的薪酬。否则,员工就会离开公司去寻找新的对价。即使这样的离职发生了,企业也要以平常心态来看待这种市场行为。人往高处走,水往低处流,毕竟人还是市场的人。

如果一个行业里的所有企业都采用同样的培训理念来承担企业对员工的培训责任,并且做得持久而扎实,那么整个行业的人才素质就会不断提高。在这样的行业里，企业就不会为人员流失而烦恼了。比如在咨询、投资银行、快消品、医药和目前的互联网科技等行业，人才的流动已经是家常便饭，企业也基本适应了这种高流动率的经营方式。以上这些行业的企业在培训方面都是愿意投入大笔资金的，人才流动基本还是在本行业内的流动，所以企业也不会有太多关于人才缺乏的烦恼。但是，核心人才对企业来说永远是稀缺的，无论企业在哪个行业，都是如此。人力资源领域有一个悖论："人才越多的地方越吸引人才，人才越少的地方越排斥人才。"所以，公司要吸引人才，就必须拥有更多优秀的人才。

第八章

企业文化与企业化文化

企业文化与企业化文化的区别

关于企业的人才战略,有一个著名的 3B 模式,即 buy（购买）、build（自建）和 borrow（借用）。自建人才库的典型渠道是校园招聘,我们在前面提到过,如果一家企业的人才有超过 50% 是通过校园招聘的方式获得并且企业在行业中保持领先的地位,说明该企业的主动留人体系是非常健全和成功的。对企业中的人力资源从业者而言,能够达到主动留人是最令人有成就感的成绩之一,而主动留人的一个很重要的方面就是文化留人。通常而言,员工对企业文化和领导风格的认同,是他留下来的重要原因之一。之所以说领导风格也很重要,是因为它直接影响着企业文化,在某种程度上也决定着人才的去留。

企业文化不仅在留人方面起着重要作用,在促进企业发展壮大方面也起着重要作用。如果企业想要发展壮大,也需要具备强大的企业文化。

企业文化没有好坏之分,只有适合与不适合之分。人们之所以硬给它套上一个"好"与"不好"的判断标签,皆在于一个简单表象:你的公司发展起来了,大家会说它的企业文化好;反之,则会让外界说它的企业文化不好。虽然企业文化不一定能决定一家公司是否成功，但是"企业化文化"却能在很大程度上决定一家公司的成败。虽然二者只有一字之差，但细想还是有显著区别的。

"企业文化"（corporate culture）已经是一个老生常谈的概念了，大家或多或少都知道它的内涵，但是知道或思考"企业化文化"（corporatization culture）的人应该凤毛麟角。目前为止，还没有什么管理文献讨论过这个概念。

企业文化决定员工的行为方式，企业有了文化，就要开始认真打造企业化文化了，后者决定员工的工作方法。从某种程度上说，企业文化对企业来说基本是与生俱来的，企业化文化则是企业人员后天学会的，而且要持续学习下去的。概括来说，企业文化因企业所处的行业不同或创始人的创业理念不同而有所不同，可以毫不夸张地说，有多少企业就有多少种企业文化。企业文化没有优劣之分，只有是否适合企业自身发展之别。

企业化文化则有优劣之分。优秀企业的企业文化可能不同，但是它们的企业化文化差别不会很大。在组织架构完全不同的优秀企业，无论你是集中式架构的，还是或矩阵式架构的，企业化文化都大同小异。

这就是为什么所谓的职场精英，从一家顶级金融公司加入了一家顶级的科技公司或互联网公司之后，可能要花一些时间来适应新公司的企业文化，但是适应新公司的工作的方法则可能费时不多。关于员工的招聘、考核和激励机制，关于工作中的沟通方式、会议方法等优秀企业的具体工作模式基本相差无几。以上这些都是企业化文化的基本内涵和要素,换言之,优秀企业的工作方法是基本相同的。

怎样感知企业化文化?我们可以拿招聘环节做一个企业化化的举例说明。优秀的企业在招聘环节中往往是这样做的:

1. 用人部门负责人,也就是聘用经理(hiring manager)发邮件给人力资源部招聘经理(recruiting manager),提出招聘一位销售经理的需求,同时附上岗位描述。

2. 招聘经理在各个渠道发布招聘启事,并在收集到足够的简历后,将邮件发给聘用经理。

3. 聘用经理选出几位合适的候选人,发邮件通知招聘经理面试候选人的时间。

4. 招聘经理预约候选人后发邮件通知聘用经理具体的面试时间和地点。

5. 聘用经理会让多个应聘者参加面试,并将最终面试结果发邮件给招聘经理,让招聘经理开始谈判待遇。

6. 招聘经理将待遇的谈判结果通过邮件告知聘用经理。

7. 聘用经理邮件同意聘用。

8. 人力资源部跟新人签署聘书,并盖章签字。

在这个过程中,招聘经理和聘用经理一直都在用留痕的邮件方式沟通所有关键环节,从项目开始到结束没有所谓的审批流程,因为邮件的每一步都是审批和确认环节,这是一种"慢就是快"

的高效工作流程，体现出一种典型优秀企业的高效沟通方式。因为这样的沟通方式是不容易产生歧义和误解的，写出的文字要比说出的话语更准确和更深思熟虑，所以沟通效果会更好。

简而言之，企业化文化是任何想要生存下去的企业都必须掌握和遵循的企业经营逻辑。例如：企业要发展，就必须招聘人才，而在人才招聘过程中，企业必须甄选人才，而不是简单地找人，要运用BEI进行候选人甄选，而不是简单的面试流程；在获客销售方面，企业必须遵循LTC的逻辑，或者DTC的逻辑，善用有限的企业资源，而不是挥霍资源来吸引客户；企业要保持内部信息通畅，会强调以邮件沟通为主，而不是以电话沟通为主，以确保信息的准确性和完整性；企业要推出市场喜欢的产品，就必须遵循PLC的逻辑，通过市场调查来了解客户需求，而不是随意开发和生产企业自己喜欢的产品等。无论要经营和管理何种企业，都必须具备"企业化文化"，即遵循企业发展的逻辑。

掌握企业化文化的最好的方式就是实践，而且是在优秀企业中的实践。读书和培训可以掌握一些企业化文化，但是亲身经历是最有效的融会贯通的方法。类似于外科大夫要通过大量的临床经验来提高医术。

企业文化没有好坏之分，只有适合与不适合之分。央企有自己的企业文化，国企有自己的企业文化，民企有自己的企业文化，外企也有自己的企业文化，它们不可能实行同样的企业文化。企业化文化则会有好坏之分，这是企业化文化与企业文化的根本区别。对企业，尤其是成功的企业而言，不管其企业文化如何，都必须有好的企业化文化。只有这样，才能成为一家优秀的企业。企业文化比较抽象，属于理念范畴；而企业化文化更加具体，更倾向于技术实践，属于技术范畴。

优秀企业为什么不批评"形式主义"？

内容与形式哪个重要？答案：都重要。再问：哪个更重要？答案：不知道。

我们把这对哲学概念放到企业化文化的场景里来讨论，目的是让企业管理者了解所谓的"形式主义"其实也是企业化文化的重要组成部分。形式是对内容最好的补充。

需要明确的是，这里所讨论的"形式主义"与我们通常所反对的、指纯粹做表面文章的形式主义是不同的。后者指的是片面地注重形式而不管实质的工作作风，或只看事物的现象而不分析其本质的思想方法。比如仅仅为了应付领导的检查而做表面文章等。

在企业化文化中，"形式主义"可以发挥重要的作用。它强调对组织内部和外部的沟通、协调和协作过程的规范化和标准化。通过明确的流程、程序和规定，"形式主义"可以确保工作的高效性和一致性。它可以提供明确的指导和准则，使员工在各种情况下都能够按照既定的标准和要求行事。

"形式主义"还可以在企业中建立起一种秩序和规范的文化

氛围。通过规范化的表达方式和标准化的文稿撰写形式，"形式主义"可以促进信息的准确传递和共享。它还可以帮助组织建立起一套可追溯和可评估的工作绩效评估体系，从而提高管理的透明度和公正性。

绩效考核中的"形式主义"问题，是一个常见的问题。确实有这样的情况，绩效考核过于强调给指标打分，而忽视了对实际工作质量和成果的评估。比如，在完成打分后，没有将员工按照20∶70∶10的比例进行绩效能力分类。从长期看，这种只打分不分类的做法反而会让员工感到沮丧和不满，因为他们认为考核未能真正反映他们的价值和贡献。

现实的情况可能是讲究形式的方法不对，导致一个好的内容不能完美落地。好消息是，并非所有的企业都批评形式，它们也不讨论形式与内容哪个更重要的问题。员工反而习惯把更多的时间花在完善一个内容的形式上。在加班成风的企业里，你只要仔细分析员工加班的原因，就会发现员工经常花费大量的时间讨论和完善一个内容的表示形式，也就是针对一个主意（内容）制订周密的落地方案（形式），而不是相反。

拿月饼销售来比喻。我们发现月饼本身（内容）每年并没有多少改进，但是月饼包装（形式）的改进却日新月异，比如包装成家庭装和送礼装这两种形式，销量应该会有不小的提升。消费者是在通过消费"形式"而获得"内容"。我们熟悉的广告是内容的表现形式，多数消费者都是通过形式了解内容，尤其是在内容越来越多的今天。市场竞争越激烈，产品形式越丰富，这已经是不争的事实。产品设计就属于典型的形式范畴，企业越来越重视产品设计的原因就在于此。

可口可乐从诞生到现在，内容没有任何改变，但是包装形式、市场推广策略、融入体育的概念等都是从一个形式到另一个形式的提升。

在职场上，我们熟悉的Office办公软件由4款软件组成，分别是Word、Power Point、Excel和Access。在已经跨过中等规模陷阱的企业里，你会发现，职场人员使用最多的就是PPT和Excel。因为跟Word相比，这两款软件既能完美地陈述内容，又具备把内容高度形式化的功能。优秀职场人士的标准打法，就是用PPT提出一个想法（内容），然后用PPT提供的各种图形（形式），加上Excel提供的图表和数据（形式），让想法变得更有说服力。

Word是一款内容重器，但人们不能用它从形式上丰满内容，所以在职场上一般都会用它来起草无须推广的合同、通知和已经定稿的公司政策等。

所以，职场精英普遍都是制作PPT和使用Excel的高手。即使有些人士不能熟练运用这两款软件也没问题，只要他们具备用这两款软件来思考问题的能力就好。

为内容创造鼓掌，为完善内容的形式付酬应该成为企业遵循的管理逻辑之一。

企业化文化离不开"乙方思维"

企业文化和企业化文化还有另一个本质区别——前者因企业而存在，没有企业也就无企业文化可言；后者不一定依附于企业而存在，它的外延已经超出了企业的范畴。如果社会上存在的每一个机构，无论是企业机构、政府机构还是非营利机构，都引入企业化文化来经营，可以想象，整个社会的每一个个体一定都是"乙方心态"和"乙方思维"的。在一个人人都是"乙方"的社会里，人们心理上的相互依存度会大幅提高，谦虚会受到推崇，同理心会被快速培养起来并成为美德，高傲会被摒弃。这样的社会应该会更和谐。

有时候，我与换工作的朋友聊天，会听到他们一些无意中的说法："我最近换工作了，准备做资产管理，做一段时间甲方，换个活法。"说者无意，但是听者却认为，追求甲方地位的思维是我们这个社会的悲哀。说话者的言下之意就是，希望自己和自己所在的企业处在被求的地位。但是，优秀的企业一定是以"乙方思维"为主导的企业，无论是资源垄断型企业还是资源稀缺型企业。

从行业来看，政府、商业银行和一些大型国企是典型的甲方机构。随着市场化改革的深入，这些机构也在发生从"你需要我"到"我也需要你"的方向转变。

真正按照"乙方思维"行事的企业几乎没有不成功的。它将客户视为一个良好的反馈源和产品更新迭代的建议者，不断地完善产品和服务；对于在客户管理过程中可能涉及的风险控制，它也有一套企业化文化的规则范式，例如聘用律师提供法务咨询、通过电子邮件进行沟通等。使用电子邮件沟通这件事，尽管在国外已经通用了几十年，但在国内却仍然不多见。我认为，这其实就是根深蒂固的"甲方思维"所致。对于这一点，我们将在另一个小节进行专门分析。

随着经济的发展，越来越多企业的企业化文化开始趋同，这使得人才在不同类型的企业都可以找到用武之地。

对人力资源行业而言，国内越来越多的企业将"人事部"定位成"人力资源部"，让其职责从指令型向服务型转变，如设立服务导向的人力资源业务伙伴（HRBP）岗位。相关图片见前文图3-4。

以投行为例，其人力资源部门目前的角色更多的是服务导向的，需要100%的"乙方思维"。**越是人才导向的企业，其人力资源部门的角色越是服务导向的**。不论何种行业，其人力资源未来发展的趋势就是不断往服务导向的方向发展，原因在于随着公司更加商业化、客户导向化，各部门之间不再区分绝对的甲方或乙方，而是互为甲方或乙方。**如果一个公司各部门或员工能够互为甲方或乙方，那么这家公司的运转才可谓良性，而且也是加班成风的企业。**

社会同样如此，政府是政策的甲方，同时又是企业的乙方，为企业服务。这样，整个社会才会达到一个良性和谐的状态。

如何让企业里的沟通更高效

按照"乙方思维"促进沟通更加顺畅高效,是企业化文化的另一个重要特质。

沟通作为企业运行中的重要一环,既涉及领导层的理念执行,又涉及个人领导力和人际关系管理。

从沟通的方式和工具来看,我认为,沟通可以总结为1.0、2.0、3.0、4.0四个版本。

"沟通1.0"版本,即"我说,你听",听完便去执行。在这样的沟通要求下,考验员工沟通能力高低的主要指标就是,是否能说。这是典型的"甲方思维"沟通方式。

"沟通2.0"版本更多是强调"听",而不是"说"。"石油大王"洛克菲勒有一句名言:"最好的销售应该具有猫头鹰的所有特点。"猫头鹰在夜深人静的时候停在树上,只看和听,却不发出声音。树下的猎物发出声音,暴露了自己的行踪和特点,猫头鹰便伺机一头扎下去将其捕获。

在洛克菲勒看来,顶级的销售员应该像猫头鹰那样,只听和观察,见到客户时少说话,让客户尽量多说话。客户说得越多,销售员便越能发现客户的需求和"热键"(hot button)。洛克菲勒的乙方思维让他成为一个伟大的销售员,并最终使他成为一个伟大的企业家。

"沟通3.0"版本更多地强调如何使用好手中的沟通工具,尤其是对3人以上的沟通。

例如，A让B转告C做某事。由A到B再到C的沟通如果采用的是电话工具，在信息传达过程中，可能有50%的信息会被丢失或者被曲解。再接着假设：这件事本该由B转告C，但因C没接电话，B只好告诉D，请D传达给C，这样可能会导致80%的信息丢失。如果事情的结果不是A想要的，对于哪个沟通环节出了差错，还无法核实。

在这个例子中，问题出在哪里？

问题首先在于，A使用了一个非常"甲方化"的沟通工具——电话。如果一家企业的所有业务沟通都通过电话来进行，可以想象这家企业的沟通会有多混乱和低效。因为电话不是一个可以同时连接多方和有效留痕的企业沟通工具。那么在企业环境下，什么沟通工具是最有"乙方思维"的呢？应该是电子邮件。电子邮件从20世纪70年代投入使用以来，一直是优秀企业的唯一正式沟通工具，在其他新的沟通工具如雨后春笋般涌现的21世纪，即使如国内的微信、飞书和钉钉，国外的WhatsApp和Slack等工具层出不穷，电子邮件的地位也没有被动摇过。

从理论上来说，一家企业是不需要通过电话来沟通业务的，电子邮件可以解决至少80%的复杂沟通需求。在前面的"A—B—C"的沟通案例中，如果A是通过邮件同时向B和C发出指令，至少不会产生理解歧义。虽然A在写邮件的时候可能会多花些时间，但是沟通的效率却能大幅度提高。因此，即使A是领导，也应该放下身段，从"乙方思维"的角度来发出指令。随着移动互联网和科技的迅速发展，微信、短信和WhatsApp等即时沟通工具也开始走进企业，但是从企业对沟通的要求，如留痕、可查、可检索、多方同时沟通等方面来看，电子邮件仍是不可替代的最佳工具。

"沟通4.0"版本强调的是闭环式沟通。 在企业环境中，最能够实现闭环式沟通的工具还是电子邮件。如果所有员工都用电子邮件沟通，一般不会出现找不到人的现象，无论员工是在公司还是在出差，电子邮件都能够及时地让发件人了解情况。因为根据规定，出差者必须在电子邮件系统上设置好出差提醒。

一般来说，能在10分钟内回复邮件且回复得好的人，就是一个效率非常高的人，在企业中就会特别被看好。

半小时到一小时内回复邮件也可以接受，但是如果有人经常两小时后才回复邮件，则会被认为有问题。如果有高效的邮件回复者出现，回复慢的人是会被边缘化的。如果某人一天之内没有回邮件，也没有出差提醒，理论上公司就该报警了。以上是一个通过电子邮件来管理企业的典型案例，在邮件使用得好的企业中，是没有懒人的，因为员工发出邮件和回复邮件都是在给自己的形象加分。

我在投行工作期间就有类似的经历。当时，有一位香港的同事想了解一下内地的社保体系，就给我发了一个邮件请求。那时，我每天至少要回复几百封邮件，因此看到这样的请求马上就会形成三种回复方案：一是省时间方案，将社保网站的链接发给该同事让他自己了解，这大概要花费2分钟；二是在邮件中简单阐述内地的社保体系，然后附上链接发给对方，这大概要花费15分钟；三是在第二种方案的基础上将有关材料下载形成附件发给对方，这大概要花费20分钟。这三种回复邮件的方式反映了三种团队理念。其中，第三种邮件行为一定是优秀企业和优秀员工的首选方案。但很遗憾的是，在多数企业尤其是国内的不少企业中，常见的是第二种邮件回复方式。如果你的企业对第一种邮件回复方式习以为常，那么建议你马上离开它算了。

试想，如果企业中的每个人都习惯于使用第三种邮件回复方式，那么这家企业的员工一定会加班加点地工作。因为他们的每一个行为都要对他人负责，自然就形成了加班的结果。所以在优秀企业里，加班不是领导要求的结果，而是企业化文化的结果。在这样的企业文化中，一个人的输出会马上成为另一个人的输入，如此反复，犹如一个工厂里虚拟的生产流水线。360度绩效反馈如果用得好，就能有效地推进这样的循环，久而久之，形成"良币驱逐劣币"的结果。因为在360度绩效反馈期间，如果你被选为评估人的次数偏少，就说明你在过往的工作中没有被大多数人所了解（输出少），没有与大多数人产生良好互动。

解决沟通问题的邮件文化

关于邮件，有一篇关于京东的文章标题是这样的——《**刘强东：24小时不回邮件的高管立刻开除**》。京东曾经备受质疑：一方面，它自营、自建物流的模式不为大家认可；另一方面，十几万人的公司要如何管理。但是，京东硬是将十几万人管理得井井有条,这些人还都成了来之能战、战之能胜的"铁军"。要知道,这十几万人向上涉及高技术人才,向下多是受教育程度不高的配送员、仓储人员。

而秘密就在于刘强东的团队管理。

2017年,京东内部发布了《**京东人事与组织效率铁律十四条**》。这些十分熟悉的"铁律",令我心潮澎湃。

我印象最深的是刘强东曾经说:"公司不允许拖拉,对邮件的回复一定要快。即使你出国,也要下了飞机就回复,超过24小时不回邮件的高管,公司立刻开除。"

正是这些看似苛刻的"铁律",让十几万京东人成为"铁军",也让京东从默默无闻的小公司迅速崛起,成为比肩BAT(百度、阿里巴巴、腾讯三大互联网公司首字母缩写)的互联网巨头和零售巨头。

京东将24小时内必须回复邮件作为"铁律",说明邮件文化在京东还没有渗透到每个人的骨子里。但是高层已经注意到,在企业进入规模化管理阶段之后,不借助邮件沟通已经是不可能的了,所以才将这一行为变成"铁律"。在成熟的世界500强企业中,是不需要这样的"铁律"的,因为每个人都会在短时间内回复邮件,而且会花一定的时间来思考和回复邮件,这早就是一种"自律"行为。从"铁律"到"自律"需要一个过程,我们暂且不说京东是不是一家优秀的企业,但是它的企业化文化已经开始形成,这是毫无疑问的,否则它不可能有现在这样的规模。

从这个角度来看,邮件作为公司的管理工具之一,是非常重要的。即使是初创企业，邮件也应该是每个人每天使用的工具。我甚至认为，邮件的使用情况可以作为判断一家早期创业公司具备企业化行为的重要标准之一。邮件的使用频率通常与公司的运营效率有一定的关系，因为高频次地使用邮件，可以促进信息的及时传递和交流，减少沟通延迟和误解（因为通常情况下写比说更精准），提高决策速度和执行效率。此外，邮件还可以记录和跟踪项目进展，确保任务的顺利推进和问题的及时解决。

举例来说，当一个项目涉及多个部门时，面对面的会议可能需要协调各方的时间，并且容易出现信息遗漏。而使用邮件沟通可以将复杂的沟通过程简单化，每个部门都可以在自己的时间节点上回复邮件，并且所有的讨论和决策都可以被记录在案，方便后续参考和跟踪。这种方式不仅提高了沟通效率，还减少了误解和遗漏，确保项目能够按时完成。

国外的Snapchat和国内的钉钉、企业微信和飞书都在把邮件和工作流程打包推广给企业，但是这些软件的核心都离不开对电子邮件的应用。因此我们认为，一个拥有好的企业化文化的公司，应当遵守人人都主要靠文字来沟通的工作方式，这不仅可以让每位员工都为自己的言行负责，还能让其更加勤勉认真、愿意思考，因为文字一定比口述更加缜密和有说服力。在没有邮件的年代，企业用打字机和传真机进行重要沟通；之前，人们用电报来沟通；再之前，人们用信件来沟通。随着科技的进步，文字沟通的工具改变了，变得更加高效和即时，但是沟通的内容还是要形成文字。

在中国，新兴的互联网公司的邮件文化相对于其他行业更加浓厚，如腾讯公司。腾讯公司自带互联网基因，自创立起便有邮件文化。1995年，马化腾在惠多网摸索了半年后投入5万元在家里搞了4条电话线和8台电脑，承担起惠多网深圳站站长的职责。久而久之，深圳"马站"在惠多网上声名鹊起。这与国内名企的文化历程相比，算是一个颠覆。

我招聘过一位曾在腾讯工作过的员工。据他描述，马化腾会经常要求员工回复邮件，或是突然在夜里给员工发送邮件，大家都是照着他邮件的要求去完成工作。若是换成给员工打电话来布置任务，第二天员工可能会忘记重要信息，事情可能做不好，上司又会对结果不满意。这样做的还有阿里巴巴，阿里巴巴的所有年度报告、员工沟通等也都是用邮件来传达的。

记得外企刚进入中国的时候，有些中国员工经常抱怨的是：同事就坐在对面，伸脖子就能把事情说清楚了，为什么还要用邮件沟通？这句话乍听起来有道理，但是口头沟通的不妥之处就在于忽视了优秀企业里每个人每时每刻都在处理手头事情而不喜欢被打断的特点。邮件沟通可以让每一个忙碌的员工根据自己的时间和节奏来回复队友的各种请求。如果不是通过邮件沟通，而是选择走到同事身边交代任务，假设每个交代花10分钟，一个上午有4个人用同样的方式来交代任务，那么40分钟就过去了。而且接受任务者如果是一个负责任的同事，还要一一记录下每一件事，时间也就这样浪费了。

切记，使用邮件沟通的时候一定要抄送有关人员，让有关人员跟行动人员同时了解到一样的信息，这样才能够最大限度地发挥邮件的功能。如果每一封邮件只是发给一个人,那就不如发短信了。

绝不允许跟你共事的人失败

前面讲过,企业文化和企业化文化的本质区别在于:企业文化比较抽象,属于哲学范畴;而企业化文化则更加具体,包括企业员工的行为规范,如团队协作、群体决策方式、个人决策方式、"乙方思维"、邮件文化等,属于技术实践范畴。

在企业化文化方面,团队精神是每一个企业都大力提倡的价值观,但是能够把"团队精神"说清楚的企业也远不如我们想象的那么多。在这里,我重点提一下我曾经工作过的一家公司。

这家公司对团队精神的描述是:"绝不允许跟你共事的人失败。"(Never allow people around you fail.)

这句话类似语义学、修辞学的升级,用否定的方式来表达强烈的肯定,尽管是简单的一句话,却非常有力量。

在职场中,人们普遍都有一些小秘密,就是喜欢暗中看着身边的同事失败。针对这种心理现象,甚至有专门的心理学学术论文发表过这方面的研究成果。如果一家企业了解这种心理,在新员工入职培训上用强烈的否定修辞语态来传递一个强烈的肯定的价值观,产生的力量是很强大的。试想:如果一家企业里的每个人都不允许他人失败,要实现共赢的局面,那么这样的企业是多么有力量!

但是,在践行团队协作理念之前,至关重要的是确保公司的招聘流程严格按照岗位胜任力进行。只有当团队中每个成员的胜任力都达到或超过岗位要求时,团队理念才能发挥其全部潜力,使团队变得更加优秀和高效。这是因为当团队成员的胜任力都较高时,他们能够:(1)相互学习和启发,产生新的想法和解决方案;(2)分工合作,发挥各自的专长;(3)相互支持和鼓励,克服困难和挑战。

这种协同效应导致的结果远远大于团队成员单独工作时各自取得的成果之和。换句话说,优秀+优秀>2倍的优秀。

然而,如果团队成员的胜任力参差不齐,团队理念的有效性就会降低。这是因为低胜任力的成员可能无法跟上高胜任力成员的节奏或做出同等水平的贡献。这可能会导致团队内部关系紧张,从而损害团队的整体绩效。

因此,在践行团队协作理念之前,确保团队成员的胜任力至关重要。只有当每个成员都具备较高的胜任力时,团队才能真正实现"优秀+优秀>2倍的优秀"的效应。

正如木桶理论,一个木桶的装水容积受限于最短的木板的高度,而不是桶壁上最长的那块木板。一个系统、组织或团队的整体效能限于其最弱、最不足之处。具体来说,木桶理论强调着重改善最薄弱的环节或最薄弱的个体,以提高整个系统的表现。在组织管理和团队建设中,这个理论告诉我们要关注和提升整体的效率和表现,着重强化最薄弱的部分,而不是只关注最强的部分。

海军陆战队员为什么必须优中选优？因为在战场上他们的职责之一就是不让身边的队友失败，决不落下每一位队友是他们的口号之一，就是这个道理。体育竞赛场上也是这种团队理念。很难想象一个足球队或篮球队里的队友每场比赛都希望队友失误。

在职场上，"人人都赢"的团队理念比较难落地，甚至有人认为它有点反人性。因为多数人对职场环境的理解就是相互竞争，为什么不允许他人失败？如果每个人都赢，"我"如何获得晋升的机会？存在这样的想法也不难理解，因为目前能够做到优中选优的公司并不是很多。还有一个重要原因，多数企业并没有把职场按照战场和赛场的方式来打造。而践行这样的团队理念是非常辛苦的，需要每个人投入大量时间来互相帮助。

自从加入这家公司以后，我几乎每天都在晚上九点以后才下班。不到1年时间，我的朋友越来越少，因为每次朋友来约我，我都在开会。会后，我还要马上回复同事和客户的邮件（前面提到过邮件的回复要快），而且不能敷衍地回复（因为敷衍的回复不符合前面提到的团队理念）。久而久之，我的朋友自然越来越少。

有朋友问我：做人力资源的工作有这么忙吗？因为这句话，我仔细分析了自己每天的工作。经过分析后我发现，我在公司外部没有太多客户需要服务和维护，我的客户都在公司内部，就是我的同事。因此，我每天忙碌的，其实就两件事：人力资源的本职事务和处理同事的事情。后者也属于人力资源的工作范畴。

具体来说，比如回复同事的邮件。如果邮件中所涉及的事务比较简单，那么基本上我就立即回复；如果涉及的事务有些复杂，在不能马上回复的情况下，我也需告知同事邮件已经收到，有空时再做具体回复。这里一个起码的逻辑是，我不能让同事认为我对邮件置若罔闻。而通常我有空的时间是在晚上七点半开完会后，我会在这个时间回复那些标注过的邮件。每个发邮件的人都期待得到回复，因此我需要认真对待每一封邮件。通常，我回复一封邮件大约需要半小时。等到所有邮件都回复完，差不多就是晚上九点了。

所以在这样的企业，所有人都在加班忙两件事：一是帮助和支持同事，二是回应客户要求。能够把这两件事情落实到位的考核工具就是360绩效反馈工具。

人力资源部门是回应内部客户，而业务人员则需同时服务内外部客户。而通常业务人员也如我这般，甚至比我做得更好。他们的服务态度与服务质量都很好，在内部也受同事的肯定。

在公司的团队精神——"绝不允许跟你共事的人失败"这一理念之下，如果某个人平时对同事和客户的协助不是全力以赴的，那其年底的360度绩效反馈的结果也不会很好。所以无论何时，大家都不能让同事认为自己没有全力以赴。

另一家工作过的公司也是如此，虽然这家公司没有对团队精神进行如此描述和细化，但是"不允许跟你共事的人失败"的事件，我也亲身经历过。

在投资银行，职级最低的职员是分析员，按照毕业年份分届，如1998年毕业的分析员便称为"1998届"，2017年加入的便叫"2017届"。

那时我刚入行不久,认为这些称呼很有意思,但又知其然而不知其所以然,便发邮件向纽约的一位同事咨询。这位同事回复了一封非常长的邮件来解释为何要如此称呼。两天后,她突然问我是否收到了邮件,邮件的内容是否对我有帮助,如果没有还可以继续为我讲解。

当时,我有些无地自容。因为我收到这么长的邮件,却没有表示任何感谢,而且两天没有回复她的邮件。那时我刚进入这个行业,还不了解对于此事的正确做法应当是首先回复邮件表示感谢,并表示邮件内容详细,对自己非常有帮助。

所以估计这位同事少不得郁闷,只得客气地问我是否收到邮件。我回复说收到并表示感谢,同时还表示已经很清楚不需要再做解释了。而到了年底,她就选了我作为她的 360 度绩效反馈的评估人之一。

在"绝不允许跟你共事的人失败"的文化之下,企业里的每一个人都会非常忙碌,因为人人都在帮助他人和客户,而且是在用邮件来沟通,自然会投入不少时间,加班加点就是家常便饭了,因为没有人愿意被别人认为是在敷衍。

事实上,不只是投资银行,放眼到其他行业,若每个人皆是如此,那么该企业的文化就会都是积极正向的,企业也会更有活力和动力,所以企业也必将会成功。

后　记

在此感谢所有读者对《重新理解人力资源》的支持和厚爱。在过去的五年里,来自各界的反馈和建议让我受益匪浅。这些宝贵的意见不仅帮助我看到了书中的不足之处,也激发了我对该领域的进一步思考和探索。

此次的书名《人力资源其实很简单》让我有些回归初心的感觉。我曾将第一版的书名定为《人力资源其实很简单》,后来在出版社的建议下改为《重新理解人力资源》。我觉得这个改动非常好:第一,它仍然紧扣人力资源的主题;第二,我是从具体到抽象化地讨论人力资源管理这个议题,在书名中加入"重新理解"也符合书中的观点和所讨论的内容。

此次将书名改回《人力资源其实很简单》则能够更好地强化和清晰传达书中的核心理念。这一书名能更好地回应许多人对人力资源管理的困惑,消减畏难情绪,它强调了一种去繁从简、直抵本质的思维体系。通过这种回归,希望读者能够有一种熟悉感,特别是对于已经阅读过第一版的读者,这种熟悉感有助于强化他们对书中观点的理解和记忆。书名中的"简单"不仅是一种直观的感受，更是一种方法论的体现，体现了我希望从复杂中提炼出本质的探索，以及独特的思维方式和解决问题的角度。

"人力资源其实很简单"这句话的意思并不是说从事人力资源工作的同仁工作轻松简单，而是强调一种更智慧的做事方式和洞察力。把简单的事情复杂化比把复杂的事情简单化要容易得多，前者是在工具层面做事，而后者则是先明道、再取法、后用器，是一种慢就是快的做事方法。

最近几年，我一直没有停止过对企业的微咨询，并且阅读了大量相关书籍。在第二版中，我对原有的章节进行了许多修订和补充，增加了最新的研究成果和实践案例，并纠正了第一版中的一些错误和疏漏。我希望这些更新能够为读者提供更为翔实和有价值的内容和思考。

本书基本遵循了PMT思维模型的逻辑，没有过多讨论人力资源管理技术层面的问题，而是从理念层面阐释了有效可行的人力资源解决方案为什么有效。通过这种思维和方法论，我们可以将复杂的事物简单化。因此，借助本次修订的机会，我将PMT思维模型进行了更加清晰的阐述。

此书的完成离不开许多志同道合者的共同参与，张琴是最早的参与者之一。10年前，她在投资领域从事人力资源管理工作，将我参加的几次证券行业人力资源管理会议的谈话整理成文字后发给我审阅，并建议我成书。在此，我对张琴表示由衷的感谢。

由于我本人对出书的过程不是很了解，真正力推我尽快出书的是蓝狮子财经总编辑陶英琪和考拉看看联合创始人马玥。陶英琪是专业做财经图书的出版人，有丰富的出书经验。马玥是考拉看看的负责人，她听了我的想法后，觉得很值得写成书，并愿意跟我一起努力来完成。我们一起拿出了每一个章节的题目。马玥从写书的角度提出了许多宝贵的意见和建议，她的执着对此书的完成有不可估量的影响。

也要感谢为此书写推荐序的三位业界知名从业者，她们是TCL集团副总裁、TCL大学执行校长许芳女士，联想集团全球首席市场官、市场营销高级副总裁乔健女士，瑞士再保险高级副总裁刘佳女士。刘佳曾是我在中金的同事，后来在高盛和美国大通银行中国区人力资源部工作多年。她们在人力资源管理方面有着非常先进的理念和丰富的经验，也是主要参与者和贡献者之一，从序言中就能看出她们独特的观点和见地，对我也有不小的启迪。许芳女士更是认真地对本书的每一个章节进行了有观点的点评，字里行间可以看到序者的洞见和功底。

特别感谢蓝狮子财经及浙江大学出版社的编辑们，他们对本书提出了许多中肯且深刻的意见。这些意见不仅从读者的角度出发，也从内容把关的角度进行审视，极大地提升了本书内容的质量，让我受益匪浅。

最后，我也要感谢我曾经工作过的公司及行业，是它们给我提供了一个了解不同人力资源理念和技术的平台，让我能够发现一些有价值的东西来完成此书的写作。尤其要感谢早年加入的中金公司，我与这个平台一起走过了9年的时间，跟志同道合者一起搭建了它早期的符合投资银行行业的人力资源体系。

肖　南

2024年6月